るすめし
レシピ

はじめに

働くお母さんが家事で「何よりも大変！」と頭を痛めることが多いのが、晩ごはんの用意かもしれません。忙しい中で毎日作り続けるとなれば、なおさらでしょう。今の時代、お惣菜やお弁当に頼ってしまうことは簡単です。いつでも手軽に買えるのは幸せなのだとも思います。だけど、お母さんならやっぱり家族の体のことが気になるし、本当は、家族が喜ぶものを自分で作って食卓に並べたい。そんな気持ちと自分の時間・体力の限界が相反していることに、苦しんでいる方も多いのではないでしょうか。

何を隠そう、私も子育てしながら働いてきた当事者です。料理の仕事をしている者にとっても、家族のごはんを日々作り続けることはなかなかハードルが高いです。作り手も、食べ手も、両者が無理なく笑っていられる食卓ってどうしたら作ることができるのだろう？　と悩んだこともあります。試行錯誤していくうちに、少しずつ増えていったのが留守番している家族用のレシピです。週末や平日の夜や朝、晩ごはんをパパッと作りおきをする『るすめし』レシピにずいぶん助けられました。

子どもが小さくても冷蔵庫から出して食べることはできるはず。大人にとっても、サッとあたためるだけでお腹が満たされる一品があれば、心はホッとするはず。何より、自分自身も疲れて家に帰ったときにごはんがちゃんと用意されていると、とても幸せです。

毎日のことだからこそ「食が、安堵を生み、家族をつなぐ」。

そんな思いを込めた本書のレシピが、読者のご家庭で笑顔のもとになることを願っております。

目次

はじめに ― 2
るすめしレシピのルール ― 6

1章 冷蔵庫から取り出してすぐ食べられるおかず ― 8

手羽元のマリネ煮 ― 10
チキンとブロッコリーのオーロラパスタ ― 12
やわらか蒸し鶏のサルサソース ― 13
タンドリーチキン ― 14
鶏の焼き南蛮 ― 15
ゆで豚のケチャップソースマリネ ― 16
豚のごまだれ冷しゃぶ ― 18
ゆで豚チャーシュー ― 19
牛肉入りナムル ― 20
簡単ミートローフ ― 22
豆入りしっとり鶏そぼろ（三色丼のもと） ― 24
ヤムウンセン風おかずサラダ ― 25
鮭のワイン蒸し タルタルソース添え ― 26
ぶりのカレーしょうゆ焼き ― 28
えびと厚揚げのトマトチリソース ― 29
混ぜないポテトサラダ ― 30
切り干し大根とツナのごま酢あえ ― 32
さば缶のキムチ炒め ― 33

COLUMN
おかず以外の『るすめし』準備 ― 34
『るすめし』のお供 ― 36

2章 電子レンジであたためるおかずセット ― 38

鶏とミニトマトの炒め物／さつまいものオレンジジュース煮 ― 40
手羽先のバーベキューソース／かぼちゃと玉ねぎのレンジ煮 ― 42
鶏の照り煮／小松菜とツナの煮びたし ― 44
豚とねぎの塩レモン蒸し／ズッキーニのチーズ焼き ― 46
まいたけの味噌だれ肉巻き／キャベツとあさり缶のさっと煮 ― 48
プルコギ／チヂミ ― 50
じゃがいものそぼろ煮／チンゲン菜の中華風あえ物 ― 52
チキンナゲット／アスパラのベーコン巻き ― 54
鮭のねぎチーズマヨ焼き／ブロッコリーとベーコンのスープ煮 ― 56
さば缶大根／れんこんとにんじんの炒めなます ― 58

COLUMN
『るすめし』でもパスタが食べたい① ― 60
トマトクリームチーズパスタ／たらこバターパスタ
「簡単汁もの」のすすめ ― 62

3章
鍋ごとあたためて食べる簡単煮込みおかず ―― 64
バジル風味のトマトチキン ―― 66
チキンのコーンクリーム煮 ―― 68
鶏のスープ煮 ―― 69
豚の角煮 ―― 70
野菜たっぷりパワフルカレー ―― 72
牛丼のもと ―― 73
ひき肉のデミソース卵のっけ ―― 74
チリビーンズ ―― 76
ストロガノフ風煮込み ―― 77
中華丼のもと ―― 78
COLUMN
お父さんのお楽しみ、ひとり鍋 ―― 80
キムチ豆腐チゲ／豚と野菜の味噌煮込み鍋／ピリ辛担々鍋／ブイヤベース鍋／鍋焼きうどん

4章
留守番する人が仕上げの調理をするおかず ―― 84
鮭のちゃんちゃん焼き ―― 86
鶏とかぼちゃの味噌煮 ―― 88
手羽中とかぶのスパイシーソテー ―― 90
豚ときのこのしょうが焼き ―― 92
かじきのトマトレモン蒸し焼き ―― 94
豚と大根のコリアン煮 ―― 96
簡単アクアパッツア ―― 98
ひき肉と塩キャベツのカレー炒め ―― 100
ごちそうカレーポークソテー ―― 102
ぶりとアスパラの照り焼き ―― 104
COLUMN
この章で紹介した8つの漬けだれ、マリネ液 ―― 106
『るすめし』でもパスタが食べたい② ―― 108
スパゲッティナポリタン／きのこバターしょうゆパスタ
スキレットでイベント焼きめし ―― 110
石焼きビビンバ風焼きめし／焼きチキンライス／焼きカレー卵のっけ／焼きジャンバラヤ／ロコモコ風焼きめし

『るすめし』レシピ実行ノウハウ ―― 114
使いやすいツールについて／『るすめし』の保存について／『るすめし』のプランについて
さくいん ―― 122
おわりに ―― 126

この本の使い方

- 材料や作り方にある「小さじ1」は5mℓ、「大さじ1」は15mℓです。
- 野菜類は特に表記のない場合は皮をむく、洗うなどの作業を行ってからの手順を記載しています。
- 電子レンジ、オーブン、オーブントースターなどの調理家電は、お手持ちの機種の取扱説明書にしたがって使用してください。

るすめしレシピのルール

週末と平日の夜＆朝を使い分けて作りおきしましょう

週末は少し調理時間がかかるけど日持ちのするおかずを。
平日は炒め物やソテーなどパパッと作れるおかずを、当日、翌日食べる分だけ。
両方のパターンを知っておくと、『るすめし』のバリエーションが広がります。

『るすめし』おかずは1～2品でいきましょう

はりきって何品も作ったのに、帰宅してみたら食べてなかった！　そんなときのダメージは大きいもの。作る人にとっても、留守番する人にとっても負担にならないくらいがちょうどいい。1～2品で十分です。

留守番する人の喜ぶものを作りましょう

『るすめし』に苦手なものが入っていたら、留守番する人の気持ちはブルーになるかも。好き嫌いの解消についてはお母さんと一緒のときにして、ひとりでもニコニコ楽しく食べられるものを作りましょう。

留守番する人のできることを考えましょう

作りおきおかずのあたため直しができる？　電子レンジなら大丈夫だけど、コンロの火を使うのはまだむずかしいかも……などなど、留守番する人のできることによって、用意するおかずも変わってきます。よーく考慮しましょう。

1章

冷蔵庫から取り出してすぐ食べられるおかず

『るすめし』が最初に必要になるのは、子どもが小学校に上がったころでしょうか。小学校は土曜がお休みですし、学童保育は終了時間が早く、ひとりで留守番してもらうことが多くなります。小学校低学年では炊飯器からごはんをよそうことはできても、おかずを電子レンジであたためることはむずかしいはず。熱くなった器を取り出すのは結構危ないですから、作りおきするなら冷蔵庫から取り出してすぐ食べてもおいしいものを用意するのがおすすめです。

　この章では冷えてこそおいしい食材や調理方法を選んで作る、作

りおきおかずを紹介します。週末や平日の夜に作れば、保存容器に入れて冷蔵庫で1〜3日間保存できます。留守番する人が自分の分だけ取り分けるのがむずかしい場合は、あらかじめ個別の器に盛って保存しましょう。

あたためる手間のない作りおきは、お父さん方にも喜ばれるはず。お父さんのほうがお母さんより帰宅が早いときでも、子どもと一緒に「すぐ食べられる」というのは本当にラクなのです。我が家ではちょっと多めに作って、余った分で具だくさんのサンドイッチを作り、翌日の朝食用にすることもありますよ。

肉の中でも脂が少ない鶏肉は、冷えたまま食べるおかずに一番向いています。リーズナブルなむね肉やささみもぴったり。とはいえ淡泊な素材ですから、ボリュームおかずを好む子どもたちやお父さんに「なーんだ」と物足りなく感じさせないようにするのが母の腕の見せどころです。下味はしっかりと。冷やして食べると固さが特に気になるので、火が入りすぎないようにします。酢やヨーグルトなど肉をやわらかくする効果のある食材を合わせるのもおすすめ。パサつかないように漬け汁に浸して保存するのもひとつのアイデアです。

手羽元のマリネ煮

調理時間…30分　冷蔵保存…3日

材料（4人分・保存容器大1個分）

鶏手羽元…12本

玉ねぎ…1個

パプリカ（赤・黄）…各1/2個分

塩…小さじ1/2

A
- すし酢（市販）…100mℓ
  ※酢75mℓ 砂糖大さじ3強 塩小さじ1.5を合わせたもので代用可
- 水…200mℓ

サラダ油…小さじ1

作り方

1. 手羽元に塩をすり込む。玉ねぎは1cm幅に切り、パプリカは食べやすい大きさに切る。
2. 鍋または深めのフライパンにサラダ油をひいて中火で熱し、手羽元を入れて全体をさっと炒める。色が変わったらAを加え、沸騰したらアクを取る。玉ねぎとパプリカを加えてさっと混ぜ、フタをして火を少し弱め、約15分煮る。
3. フタを取って火を強め、ときどき混ぜながら煮汁が半量程度になるまで約5分煮詰める。

Memo　さっぱり甘酸っぱい味でごはんにもパンにも合うおかず。最初に炒めてから煮ることで、うま味が流れ出るのを防ぎます。鶏からゼラチン質が溶け出すので、煮汁は冷めると「煮こごり」のように固まります。これもおいしいので、煮汁ごと保存しましょう。

チキンとブロッコリーのオーロラパスタ

調理時間…30分　冷蔵保存…2日

材料（4人分・保存容器大2個分）

鶏ささみ…6本
ブロッコリー…小1株
ペンネ…150g

A
- マヨネーズ…大さじ5
- ケチャップ…大さじ2
- プレーンヨーグルト（無糖）…大さじ1.5

塩、こしょう…各適量

Memo　我が家の男性陣に大好評のメニュー。オーロラソースはヨーグルトを入れるとくどさがなくなります。ささみは水からゆでるのがやわらかく仕上げるコツ。筋はゆでてから取ったほうがラクです。ごはんは添えずに、これだけでお腹いっぱいに。

作り方

1 ブロッコリーは小房に分ける。鍋に水2ℓ、塩大さじ1.5（分量外）、ささみを入れて弱めの中火にかける。沸騰したらささみを取り出し、粗熱を取る。

2 1の鍋にペンネを入れて袋の表示どおりにゆでる。ゆで上がりの30秒前にブロッコリーを入れ、ペンネと一緒にザルにあげて水けをきり、粗熱を取る。

3 1のささみを筋を取り除きながら、大きめに裂く。ボウルにA、2を加えて混ぜ合わせ（※）、塩、こしょうで味を調えてブロッコリーをのせる。好みで粗びき黒こしょう適量（分量外）をふる。

※ブロッコリーの一部は混ぜずに残し、仕上げに飾るときれいです。

やわらか蒸し鶏のサルサソース

調理時間…20分　冷蔵保存…2日

材料（4人分・保存容器大1個分）

鶏むね肉…小2枚（約500g）
塩…小さじ1
こしょう…適量
酒…大さじ2

サルサソース
トマト…大1個
ピーマン…1個
セロリ…2cm
紫玉ねぎ（なければさらし玉ねぎ）…1/3個
オリーブオイル…大さじ1.5
酢…大さじ1
こしょう…適量
一味唐辛子…適量

作り方

1. 鶏肉に塩、こしょうをすり込む。
2. サルサソースを作る。トマトは横半分に切って種を取り、約1cm角の角切りに、ピーマン、筋を取ったセロリ、紫玉ねぎは粗みじん切りにする。ソースの材料をすべてボウルに入れて混ぜ合わせる。
3. フライパンに酒、水約30mℓ、1を入れ、フタをして中火にかける。沸騰したら火を弱めて5分加熱し、火を止めてそのまま冷ます。約7mmの厚さに切り、2とともに保存容器に入れる。
※肉に厚みがあるときは加熱時間を少し長めに。

Memo　なるべく野菜から水けが出ないようにトマトは種を取っておくこと。サルサソースに塩けを加えると野菜から水が出やすくなるので、鶏のほうにしっかり下味をつけておきましょう。蒸し汁ごと冷ますことでしっとり。

タンドリーチキン

調理時間…30分　冷蔵保存…3日

材料（4人分・保存容器大1個分）

鶏むね肉…小2枚（約500g）
カリフラワー…1/4株
塩…小さじ2/3
こしょう…適量

A
プレーンヨーグルト（無糖）…100mℓ
カレー粉…大さじ1
にんにく（すりおろす）…小さじ1/2

B
塩…小さじ1/3
サラダ油…小さじ2

作り方

1 鶏肉は1枚を4～5等分に切り、ポリ袋などに入れて塩、こしょうを加え、よくもみ込む。さらにAを加えてもみ込む。
※この状態で2日冷蔵保存することも可。

2 カリフラワーは小房に分けてボウルに入れ、Bを加えて混ぜる。

3 耐熱容器に1、2を入れ、200℃のオーブンで20～25分焼く。

Memo　カレー風味で子どもにも人気のおかず。ビールにも合います。冷たいまま食べるなら断然もも肉よりむね肉！ヨーグルトの効果でしっとりします。時間がたっても色が変わりにくいカリフラワーと一緒に焼くのがおすすめ。鶏肉に味をしっかりつけるために、塩は合わせ調味料を加える前にもみ込んで。

鶏の焼き南蛮

調理時間…**15**分　冷蔵保存…**3**日

材料（4人分・保存容器大1個分）

鶏もも肉…小2枚（約500g）
長ねぎ…2本
ししとう…12本
塩…小さじ1/3

南蛮だれ
しょうゆ、酢…各大さじ2
砂糖、水…各大さじ1

作り方

1 鶏肉は一口大に切って塩をすり込む。長ねぎは3〜4cm長さに切る。ししとうは縦に切り込みを入れる。

2 1を魚焼きグリルで焼き、焼けた順に保存容器に入れ、漬けだれを回しかける。

※サラダ油をひいたフライパンで焼いても構いません。

Memo　鶏に粉をふって揚げる「南蛮漬け」よりも簡単でヘルシー。魚焼きグリルで焼くと脂が落ちて、冷たいまま食べてもおいしいです。漬けだれに鶏肉のうま味が溶け出し、焼き野菜も驚くほどおいしくなります。鶏に下味をつけるのを忘れずに。

「豚のしょうが焼きが大好きな子なのに、お弁当に入れると食べないの」という相談を受けたことがあります。原因は脂。脂がおいしいと言われる豚肉ですが、冷えると固まりやすく、味を落とすもとになります。冷たいまま食べるおかずの場合は脂が層になっている豚ばら肉などは避け、脂がまんべんなく行き渡っているピンク色の肉を選びましょう。ゆでて脂を適度に落としてから調味液に漬けるのはおすすめの調理法。固まり肉なら脂が抜けすぎることなし。時間はかかりますが、ほうっておけるので余裕のある休日に作りおきしてもいいですね。

ゆで豚のケチャップソースマリネ

調理時間…**15**分　冷蔵保存…**3**日

材料（4人分・保存容器大1個分）

豚こま切れ肉…400g
玉ねぎ…2個
ヤングコーン（水煮でも可）…6本

A
ウスターソース、ケチャップ…各大さじ6
しょうゆ…大さじ1

温泉卵…4個

作り方

1. 玉ねぎはごく薄切りにしてザルに広げておく。ヤングコーンは食べやすい大きさに切る。
2. 鍋に湯を沸かし、中火にしてヤングコーンと豚肉を入れる。豚肉をほぐしながら加熱し、肉の色が変わったら、玉ねぎを広げたザルにあげて湯をしっかりきる。
3. ボウルに**A**を混ぜ合わせ、**2**を加えてあえる。好みでパセリを散らし、食べるときに温泉卵をのせる。

※水煮のヤングコーンを使う場合は、**3**で加えましょう。

Memo　我が家の代表的な手抜き料理（笑）。食べるときに温泉卵をのせてコクをプラスします。豚肉はしっかり火を通す必要がありますが、ゆですぎると固くパサパサに。余熱でも火が入るので、「全体の色が変わったらザルにあげる」くらいを目安にして。

豚のごまだれ冷しゃぶ

調理時間…**20**分　冷蔵保存…**2**日

材料（4人分・保存容器大1個分）

豚ももしゃぶしゃぶ用肉…300g
キャベツ…1/5個

ごまだれ
練りごま、しょうゆ…各大さじ3
すり白ごま、酢…各大さじ1.5
砂糖…大さじ1
しょうが（すりおろす）
…小さじ1/2

小ねぎ（小口切り）…大さじ3

作り方

1 キャベツはざく切りにする。鍋に水約1.5ℓ、塩大さじ1.5（分量外）を入れて火にかける。沸騰したら中火にしてキャベツを入れさっとゆで、網じゃくしなどで取り出して広げて冷ます。

2 鍋の湯を再沸騰させて火を止め、豚肉を2〜3枚ずつ入れてしゃぶしゃぶの要領で火を通し、皿などに取り出して広げて冷ます。

3 1のキャベツをしっかり絞り、保存容器に入れて2を加え、小ねぎを散らす。ごまだれの材料を合わせて保存容器（小）に入れ、食べるときにかける。

Memo　豚肉の部位はばら肉よりもも肉がおすすめ。しゃぶしゃぶ用の肉は極薄なので、まとめて湯に入れグラグラ煮るとうま味がゆで汁に流れ出ておいしさ半減。沸騰手前の温度で数枚ずつ火を通すことを守ると、やわらかくおいしく仕上がります。たれは食べるときにかけましょう。

ゆで豚チャーシュー

調理時間…1時間　冷蔵保存…3日

材料（4人分・保存容器大2個分）

豚肩ロースかたまり肉…600g
紅茶（ティーバッグ）…1個
たけのこ（水煮）…150g
エリンギ…1パック
半熟卵…4個

※鍋に湯を沸かし、冷蔵庫から出したての卵をトングなどを使ってそっと入れ、7〜8分ゆでる。すぐに冷水にとり、殻をむく。

漬けしょうゆだれ
しょうゆ、みりん、水…各100mℓ
酢…50mℓ　砂糖…大さじ2

作り方

1 鍋に豚肉とかぶる程度の水、紅茶のティーバッグを入れ中火にかける。沸騰したらアクを取り、火を弱めてフタをずらしてのせ、1時間ゆでる。途中、肉がゆで汁から出るようになったら水を足す。

2 別の鍋に漬けだれの材料を入れ、食べやすく切ったたけのこ、エリンギを加えて中火で煮立て、粗熱を取ってポリ袋などに入れる。1を熱いうちに水けを切って加え、さらに半熟卵を加えて空気を抜いて口を縛り、冷めたら冷蔵庫で半日以上おく。

3 豚肉を食べやすく切り、野菜、半熟卵とともに保存容器に入れ、漬けだれを適量かける。

Memo　紅茶で煮るとさっぱり。ウーロン茶でも代用できます。急ぐときは肉を8等分に切って15分ほどゆで、漬けだれに浸す方法でも構いませんが、かたまりごとゆでたほうがしっとりやわらかに。保存するときは卵の黄身まで調味液がかぶらないように。

豚肉と同様、牛肉も脂が多いところが冷たいおかずの場合は難点。ただしうま味はとても強いので、少量入れるだけで存在感を示してくれます。そこで、あえて「4人分には少ないかな？」と感じる量の牛肉をたっぷりの野菜と合わせてみるのはいかがでしょうか？「無理に野菜を増やそうとしない」というのが『るすめしレシピ』のルールですが、ほんの少し牛肉が入るだけで、みんなパクパクと食べてくれます。使う部位は高級なものではなく、こま切れ肉で十分です。野菜不足のときにはぜひ。

牛肉入りナムル

調理時間…**15**分　冷蔵保存…**2**日

材料（4人分・保存容器大1個分）

牛こま切れ肉…250g
にんじん…1本
小松菜…1/2束
もやし…1袋

A｜塩、ごま油…各大さじ1.5

B｜白すりごま…大さじ4
ごま油…大さじ3
にんにく（すりおろす）…小さじ1/2
塩、こしょう…各適量

作り方

1. にんじんはせん切りに、小松菜は約4cm長さに切る。
2. 鍋に水約1.5ℓと**A**を入れて火にかける。沸騰したら中火にして、もやし→にんじん→小松菜の順にそれぞれ約30秒ゆで、網じゃくしなどで取り出し、皿などに広げて冷ます。
3. 同じ鍋で、牛肉もさっとゆでてザルにあげて水けをきり、広げて冷ます。ボウルに**B**を混ぜ合わせ、**2**と牛肉を入れてあえる。

Memo　韓国の定番メニュー。食材は同じ湯を使い、順番にゆでてしまえば調理時間が短縮できます。アクが出る牛肉は一番最後にゆでましょう。にんじんはスライサーを使ってせん切りにすればさらに時短。p.110の石焼きビビンバ風焼きめしにも使えます。

切らずに使えるひき肉は、忙しい主婦にとって便利な食材。子どもも食べやすいので、ついつい手が伸びてしまいがちですが、傷むのが早く、冷凍すると味が落ちやすいもの（最近スーパーで見かける「解凍品」は特に要注意です！）。ですから、ひき肉を買うのは調理をする余裕のある日にするのが正解です。ご紹介する3品は、すぐ作ることが負担に感じないほど簡単なレシピばかり。保存中に水分が蒸発してパサパサにならないように、調理にひとくふうしています。

簡単ミートローフ

調理時間…**45**分　冷蔵保存…**3**日

材料（4人分・保存容器大1個分）

合いびき肉…400g
玉ねぎ…1個
ブロッコリー…1/4株
ミニトマト…4個
うずらの卵（水煮）…8個
塩…小さじ1
こしょう…適量

A
パン粉…1/3カップ
牛乳…大さじ1
卵…1個

作り方

1. 玉ねぎはみじん切りに、ブロッコリーは小房に分ける。
2. ボウルに**A**を入れてよく混ぜ、パン粉がふやけたら、ひき肉、塩、こしょうを加えてよく練り混ぜる。粘りが出てきたら玉ねぎを加えて混ぜ合わせる。
3. 耐熱容器に**2**の半分を入れて広げ、ブロッコリー、ミニトマト、うずらの卵を埋め込み、残りの肉だねを入れて押し広げ、180℃のオーブンで30分焼く。冷めたら食べやすい大きさに切り分け、好みでケチャップ適量（分量外）をつけて食べる。

Memo　耐熱ガラス製の保存容器ごと焼けば、肉汁が流れ出ずにしっとり。成形をしないで、大きく焼いて切り分ければいいので、ハンバーグを作るよりラクです。肉だねを練るときは、玉ねぎはあとから加えるのがポイント。

豆入りしっとり鶏そぼろ(三色丼のもと)

調理時間…**20**分　冷蔵保存…**2**日

材料(4人分・保存容器中×1個、小×2個)

鶏ももひき肉…250g
大豆水煮缶…小1個(100g)
さやいんげん…100g
卵…3個

A｜塩…少々　砂糖…小さじ1

B｜しょうゆ…大さじ3
　味噌、みりん、砂糖…各大さじ1
　小麦粉…小さじ1/2

サラダ油…小さじ2

Memo　「しっとり」の秘密は小麦粉。小麦粉を少量加えて炒めると、調味液と肉がよくなじみ、パサつきを防ぎます。できればももひき肉を選ぶと、より「しっとり」に。ひき肉と調味料をポリ袋に入れてなじむまで手で袋をもんでも構いません。

作り方

1 さやいんげんは1cm幅に切る。フライパンに湯を沸かし、さやいんげんを入れてさっとゆでて、ザルにあげて水けをきり、熱いうちに塩適量(分量外)をふる。

2 卵をほぐし、**A**を加えて混ぜる。フライパンにサラダ油小さじ1をひいて中火で熱し、卵液を流し入れる。菜箸4本を使って手早く混ぜ、半熟になったら火を止めそのままほろりとなるまで箸で混ぜ続ける。

3 ボウルにひき肉と**B**を入れ、泡立て器でよく混ぜる。フライパンに残りのサラダ油をひいて中火で熱し、ひき肉と水けをきった大豆缶を加えてほぐしながらねっとりするまで3分炒める。

ヤムウンセン風おかずサラダ

調理時間…**15**分　冷蔵保存…**2**日

材料（4人分・保存容器大1個分）

豚ひき肉…200g
セロリ…60g
紫玉ねぎ…1/2個
パクチー…2株
春雨…70g

A | にんにく（すりおろす）…小さじ1/2
レモン汁、ナンプラー…各大さじ2
砂糖…大さじ1
一味唐辛子…適量

ピーナッツ…1/3カップ

作り方

1 セロリと紫玉ねぎは薄切りにする。パクチーの茎は細かくきざみ、葉はとっておく。

2 鍋に湯を沸かし、中火にしてひき肉を入れて菜箸でほぐし、色が変わったら網じゃくしで取り出す。アクを取り除き、春雨を入れて約2分ゆでてザルにあげ、水けをきって食べやすい長さに切る。

3 保存容器にAを混ぜ合わせ、1のセロリ、紫玉ねぎ、パクチーの茎、2のひき肉、春雨を加えてあえる。パクチーの葉をのせ、食べるときにくだいたピーナッツをのせる。

Memo　甘酸っぱいマリネ液であえるヤムウンセン。本場タイではあたたかいまま食べますが、冷たく冷やしても美味。ひき肉のあとに春雨をゆでるとうま味がしみ込みます。ピーナッツは分けて保存して最後にのせれば食感を損なうこともありません。

魚やえび、いかは、肉に比べて冷めても固くなりにくいのが特徴です。蒸しても、焼いても、炒めても、保存して味が劣化しにくいのがよいところ。体にもいいので、どんどん活用しましょう。魚の保存食というと、しょうゆや味噌を使った濃ーい味の煮つけをイメージするかもしれませんが、保存期間が1～2日であれば、味つけや調理方法のバリエーションも広がります。特にp.28「ぶりのカレーしょうゆ焼き」のように保存容器ごとオーブンまかせで焼く方法は覚えておくと便利ですよ。

鮭のワイン蒸し タルタルソース添え

調理時間…**20**分　冷蔵保存…**2**日

材料（4人分・保存容器大2個分）

甘塩鮭…4切れ（400～500g）
じゃがいも…2～3個
グリーンアスパラガス…4本
白ワイン（なければ酒）…大さじ3
こしょう…適量

タルタルソース

ゆで卵…2個
※鍋に湯を沸かし、冷蔵庫から出したての卵をトングなどを使ってそっと入れ、9～10分ゆでる。すぐに冷水にとり、殻をむく。
ピクルス…20g
マヨネーズ…大さじ4～5

Memo　甘塩鮭を使うと下味をつける手間が省略できます。ワイン蒸しにすると鮭の独特なくさみが消えて洋風に。パサつかないように蒸し汁ごと冷ましますが、保存するときは汁けをしっかりきりましょう。

作り方

1. タルタルソースを作る。ゆで卵は粗みじん切りに、ピクルスは粗くきざみ、ボウルに入れてマヨネーズを加え、よく混ぜ、保存容器（小）に入れる。
2. じゃがいも、アスパラは食べやすい大きさに切る。鍋にじゃがいもを入れ、かぶるくらいの水を加え、中火にかけてゆでる。じゃがいもがほぼやわらかくなったら、アスパラを入れさっと火を通し、ザルにあげて水けをきる。
3. フライパンにこしょうをふった鮭、白ワインを入れ、フタをして中火にかける。沸いてきたら火を弱めて約3分加熱し、火を止めてそのまま冷ます。汁けをきった鮭、じゃがいも、アスパラを保存容器に入れる。食べるときに**1**をかける。

ぶりのカレーしょうゆ焼き

調理時間…25分　冷蔵保存…3日

材料（4人分・保存容器大2個分）

ぶり…4切れ（400〜500g程度）
長いも…250g
塩…小さじ1と1/3

A　しょうゆ、みりん、サラダ油…各大さじ1
　　カレー粉…小さじ1

作り方

1　ぶりに塩小さじ1をすり込み約10分おく。さっと水洗いし、ペーパータオルなどで水けをふき、半分に切る。長いもは皮をむき、1.5㎝幅の半月切りにし、残りの塩をまぶす。

2　ボウルにAを入れて混ぜ合わせ、1を入れて全体をよくからめる。

3　耐熱容器2個に2を等分に入れ、200℃のオーブンで約10分焼く。

※保存するときはひとつの保存容器にまとめても構いません。

Memo　ぶりとカレー風味は好相性。下処理をするとくさみがとれて、うま味が凝縮。保存後もおいしく食べられます。保存容器に切り身を並べてオーブンで焼くと、焦げたり固くなったりせずしっとり仕上がります。長いもも一緒に焼けるからラクチン。

えびと厚揚げのトマトチリソース

調理時間…**20**分　冷蔵保存…**2**日

材料（4人分・保存容器大1個分）

えび（中）…12尾
厚揚げ（あれば絹揚げ）…300g
トマト水煮缶（カット）…1/2缶（200g）
片栗粉…大さじ1

A
しょうが（すりおろす）…小さじ1
にんにく（すりおろす）、豆板醤…各小さじ1/2

B
砂糖、酢…各大さじ2
しょうゆ…大さじ1

ごま油…大さじ1

Memo　トマトの酸味をいかした子どもでも食べやすい味。えびはぜひブラックタイガーなど食べごたえのあるものを使い、カサ増しを厚揚げで。

作り方

1. えびは殻と尾、背わたを取ってボウルに入れ、片栗粉小さじ2、水少々を加えてもみ洗いする。水洗いをし、ペーパータオルなどで水けをふき、残りの片栗粉をまぶす。厚揚げは2cm角に切る。
2. フライパンに水1ℓと塩大さじ1（分量外）を入れて火にかける。沸騰したら中火にして1を加え、えびの色が変わるまでゆで、ザルにあげて湯をきる。
3. フライパンにごま油を入れ、Aを加えて中火にかける。香りが立ってきたらトマト缶とBを入れて煮立て、2を入れ、軽く煮る。保存容器に入れ、好みで解凍してさやから出した冷凍えだまめ適量（分量外）を散らす。

突然『るすめし』が必要になったとき、家にあるハムやツナ缶、サバ缶といった加工品をメイン食材に使った「お助けメニュー」が役立ちます。もちろん冷えてもおいしいので余裕のあるときに買いおきをしておくといいですね。「晩ごはんがこれでいいの？」という声が聞こえてきそうですが、子どももお父さんも案外喜ぶもの。ちなみに我が家では、ポテサラを作っておけば文句は出ません。日常のことだから、むずかしく考えずに、あるものでできるおかずネタは大事だと思います。

混ぜないポテトサラダ

調理時間…**20**分　冷蔵保存…**2**日

材料（4人分・保存容器大1個分）

じゃがいも…3個（450g程度）

きゅうり…1本

ゆで卵…2個

※鍋に湯を沸かし、冷蔵庫から出したての卵をトングなどを使ってそっと入れ、9〜10分ゆでる。すぐに冷水にとり、殻をむく。

ハム…60g

A｜酢…大さじ1　塩…小さじ1/3
　｜こしょう…適量

マヨネーズ…大さじ3

ギリシャヨーグルト（無糖）…大さじ5

※なければ無糖のプレーンヨーグルトをペーパータオルを敷いたザルにのせ、一晩水きりしたヨーグルトで代用可。

作り方

1 じゃがいもは約7㎜幅のいちょう切りにし、さっと水洗いして水けをきる。耐熱容器にじゃがいもを入れてフタをし、電子レンジ（600W）で8分加熱する。熱いうちに合わせたAとあえる。

2 きゅうりは輪切りにして塩適量（分量外）をふってしばらくおき、水けが出たらさっと水洗いをして、水けを絞る。ゆで卵は粗くきざみ、ハムは数枚重ねた状態で食べやすく切る。

3 1の水けを十分にきって保存容器に入れる。上にマヨネーズを絞り入れ、卵をのせ、ヨーグルトを数カ所におく。きゅうりをのせ、ハムを散らし、仕上げに好みでマヨネーズを絞る。

Memo　材料を重ねておくだけ。口の中に入れればポテトサラダに。この方法を知ると普通の作り方には戻れません（笑）。ハムは重ねて切ることで、ブロックハムのようなボリューム感が。じゃがいもの電子レンジ加熱には、保存容器を使っても構いません。ごはんではなくパンを添えて、セルフでサンドイッチにしてもらいましょう。

切り干し大根とツナのごま酢あえ

調理時間…15分　冷蔵保存…3日

材料（4人分・保存容器大1個分）

切り干し大根…60g
ツナ缶（ブロック・オイルタイプ）…大2缶（350g）
パプリカ（赤・黄）…各1/2個

A　酢、水…各大さじ6
　　砂糖、ごま油…大さじ2
　　塩…大さじ1/2

かいわれ大根…1/4パック

作り方

1 パプリカは細切りにする。切り干し大根はさっと水洗いして、水けをよくきる。

2 ボウルにAを混ぜ合わせ、軽く油をきったツナ、1を加えて十分に混ぜ合わせる。保存容器に入れ半日ほどおき、かいわれ大根をのせる。

Memo　甘じょっぱく煮るのが定番の切り干し大根ですが、さっと戻して調味液であえるとポリポリとした食感が楽しく、独特のくさみも気になりません。火を使わずにあえるだけ。食べごたえのあるブロックタイプのツナ缶をたっぷり使えば立派な主菜に。

さば缶のキムチ炒め

調理時間…10分　冷蔵保存…3日

材料（4人分・保存容器大1個分）

さば水煮缶…2缶（380g）
キムチ…300g
ミックスビーンズ水煮缶…小1缶（110g）
ごま油…大さじ1

作り方

1 フライパンにごま油をひき中火にかける。キムチと水けをきったミックスビーンズを入れて約1分炒める。

2 軽く汁けをきったさば缶を加え、さばの身がくずれないように約2分炒め煮にする。

Memo　ナイフもまな板も使わずに作れるメニュー。ごはんがすすむ味です。炒めるとコクが出ておいしくなりますが、時間がないときはあえるだけでも十分。朝の忙しい時間でもパパッと作れます。

COLUMN

おかず以外の『るすめし』準備

『るすめし』の準備はおかずだけではありません。細かい指示書と使う食器、取り分けに必要なツールを用意しておく必要があります。指示書については、まとめて書いておくだけではなく、できるだけ、使うものの近くにもメモを貼っておかないと、小さな留守番する人は気がつかないことが多いです。帰ってきたときに、目につくところに「冷蔵庫の中の保存容器に入っているものを、取り皿に取って食べてね。ごはんは炊飯器からよそうこと」などとメモを。炊飯器や冷蔵庫の中の保存容器にも「これだよ」「正解！」などふせんを貼っておくことが大事。メモと一緒にごはん茶碗、取り分けるトングなども、セットしておきましょう。ごはんのほかに、お母さんが用意したセットとメモがあると、留守番する人は安心するみたいですよ。

かわいいふせんが役に立つ

留守番する人の気持ちを上げるためにかわいいふせんをたくさん用意しておくのもいいでしょう。大人が想像する以上に視野が狭いですから、帰宅してから想定できる行動範囲に貼っておくのがポイント。そうすれば、ちょっと宝探しゲームのような気持ちで楽しく作業ができるはずです。

COLUMN

『るすめし』のお供

家をあけていると、「このおかずだけじゃ足りないよ。なんかもっと作って！」という、腹ペコの留守番する人のリクエストに現場で対応できないのが辛いところ。だからといって『るすめし』おかずの品数を増やすと、今度はお母さんの負担が大きくなってしまいます。そんなときのために、我が家の場合は白めしがすすむ「ごはんのお供」を冷蔵庫に常備。鮭フレーク、しらす干し、肉みそといったたんぱく源と、キムチ、高菜といった野菜類の常備菜を合わせて用意しておきます。これがあれば、急に『るすめし』が必要になったけど、作りおきがなんにもない！というピンチのときに、「ひとまず『ごはんのお供』で食べていて！」という荒技も可能。時間があるときは手作りするのが望ましいかもしれませんが、市販のものでも構わないと思います（私も忙しいときはそうしていますから！）。

手作りなめたけ（冷蔵保存5日）

えのきだけ2袋（200g）は石づきを切り落として半分に切ります。耐熱ボウルにえのきだけとしょうゆ、みりん各大さじ2を入れてラップをふんわりかけて電子レンジ（600W）で2分加熱します。一度取り出して、全体を混ぜ、再度ラップをかけて2分電子レンジで加熱しましょう。仕上げにかつおぶし（小分けパック）1袋（5g）を混ぜればでき上がり。

2章 電子レンジであたためるおかずセット

小学校中学年くらいになれば電子レンジが使えるようになります。とはいえ、まだまだ幼いですから、メモを残していってもなかなか指示どおりにはいかないもの。主菜に副菜に、と数個の保存容器に作りおきをしてみたものの、帰宅してみたら主菜1品しか食べていない、生野菜サラダまであたためちゃった!……なんてことも。

そこでおすすめなのが主菜と副菜の「おかずセット」を作ること。冷蔵庫に並べやすい長皿に小皿をのっけたりして家族分盛り分け、ラップをかけて冷蔵庫に入れておきます。食べるときに電子レンジ

（600W）で4～5分加熱。副菜はあたためてもおいしい野菜のおかずを選べば、一緒に加熱しても大丈夫です。ただしターンテーブル式だと回転しないことも。加熱ムラができるので、大きさに合った丸皿を使ってください。

レンジ加熱しておいしいのは少し汁けのあるものやたれがからんだおかず。日持ちはしないので、前日の晩ごはん、または当日の朝ごはん作りのついでに10～15分程度で2品できるくらい簡単なものがいいでしょう。盛り分けるのが手間のように感じますが、これだけで家族は母の愛情を感じるようです。器の力って大きいですね。

子どもたちが好きなトマト味とオレンジ味の、ちょっとイタリア風おかずセット。調理器具はフライパンひとつだけなので調理後のあと片づけもラク。煮物もフライパンで作ります。煮汁も一緒に深さのある器に取り分けましょう。

副菜

さつまいものオレンジジュース煮

調理時間…10分

材料（4人分）

さつまいも…300g

A
- 砂糖…小さじ1
- バター…5g
- オレンジジュース（果汁100％）…300mℓ

作り方

1 さつまいもは1cm幅の輪切り（大きいときは半月またはいちょう切り）にし、さっと水洗いをして、フライパンに入れる。

2 1にAを入れてフタをし、中火にかける。5分煮たらフタを取り、火を強めて焦がさないようにフライパンをゆすりながら煮汁を煮詰める。

Memo　水分はオレンジジュースだけ。とろんと甘酸っぱいシロップのようになり、さつまいもにからまって美味。お弁当のおかずにもおすすめの副菜です。

主菜

鶏とミニトマトの炒め物

調理時間…10分

材料（4人分）

鶏ももから揚げ用肉…500g
ミニトマト…20個
にんにく（すりおろす）…小さじ1/2
塩…小さじ2/3　こしょう…適量
オリーブオイル…大さじ1

作り方

1 鶏肉は塩、こしょう、にんにくをすり込む。

2 フライパンにオリーブオイルをひき、1を皮を下にして並べて強火にかける。フライパンが熱くなったら中火にし、2分焼いて裏返す。さらに2分焼いたあと、フライパンの火を強め、ミニトマトを加えて皮がやぶれるまで炒める。

Memo　鶏肉はカット済みのものを使って時短。鶏から脂が多く出た場合はペーパータオルでふき取ったほうがおいしくできます。電子レンジで再加熱するので、炒めすぎないように。

料理の手順

0分　5分　10分　15分

さつまいものオレンジジュース煮
- さつまいもを切る → フライパンで煮る → さつまいもを器に移す

鶏とミニトマトの炒め物
- 肉に下味をつけ、トマトの準備 → フライパンで鶏とトマトを炒める

ちょっとガッツリ、ごはんによく合う2品。食べ盛り世代のお腹もこれで満足。手羽先は包丁いらずで調理できる時短向きの食材。かぼちゃはレンジ加熱してから切り分けるので、力を入れて切る必要がありません。これも時短につながりますね。

郵 便 は が き

料金受取人払郵便

豊島局承認

5166

差出有効期間
2020年10月
31日まで

●上記期限まで
切手不要です。

170-8790

333

東京都豊島区高田3-10-11

自由国民社

愛読者カード　係 行

住所	〒□□□-□□□□　都道府県　市郡(区)			
	アパート・マンション等、名称・部屋番号もお書きください。			
氏名	フリガナ	電話	市外局番　市内局番　番号 (　　　)	
		年齢	歳	男・女
E-mail				

どちらでお求めいただけましたか？

書店名（　　　　　　　　　　　　　）

インターネット　1. アマゾン　2. 楽天　3. セブン&アイ

4. 自由国民社ホームページから

5. その他（　　　　　　　　　　　　）

ご記入いただいたご住所等の個人情報は、自由国民社からの各種ご案内・連絡・お知らせにのみ利用いたします。いかなる第三者に個人情報を提供することはございません。

［るすめしレシピ］
をご購読いただき、ありがとうございました。
アンケートにお答えいただければ幸いです。

Q.1 この本をお買い上げいただいた理由は？（いくつでも）

なんとなく　テーマに興味あり　上田淳子先生の本だから
表紙デザインが気に入って　プレゼントされた
その他［　　　　　　　　　　　　　　　　　　　］

Q.2 この本をお知りになったのは？

1. 書店店頭で
2. 新聞（広告）で［　　　　　　　　　　　　新聞］
3. その他［　　　　　　　　　　　　　　　　　　　　　　］

Q.3 次に購入するならどんなレシピ本が欲しいですか？

［　　　　　　　　　　　　　　　　　　　　　　　　　　　］

Q.4 この本のご感想をお聞かせください。

Q.5 本書について著者へのご質問がございましたらお書きください。

※お客様のコメントを自由国民社のホームページや新聞広告等でご紹介してもよろしいですか？
（お名前は掲載いたしません）　□はい　□いいえ

※ご協力ありがとうございます。個人情報およびご意見・ご感想などの情報は細心の注意を払って取り扱わせていただきます。

副菜

かぼちゃと玉ねぎのレンジ煮

調理時間…15分

材料（4人分）

かぼちゃ…1/4個（300g）
玉ねぎ…1個
バター…10g
しょうゆ…小さじ2

作り方

1 玉ねぎは薄切りにする。かぼちゃは種をスプーンで取り除く。

2 耐熱容器に玉ねぎを敷き、かぼちゃをのせる。かぼちゃのくぼみにバターをおき、ラップをふんわりかけて電子レンジ（600W）ですっと串が通るまで約10〜12分加熱する。かぼちゃのくぼみにしょうゆを入れ、かぼちゃをスプーンで一口大に切り分け、全体を混ぜる。

Memo　我が家の食卓に頻繁に登場する簡単メニュー。スプーンで切り分けるときに、しょうゆとバターが染み込みます。急ぐときは玉ねぎを省けば包丁いらずです。

主菜

手羽先のバーベキューソース

調理時間…15分

材料（4人分）

鶏手羽先…12本

A
- ウスターソース…大さじ4
- カレー粉…小さじ1
- トマトジュース（無塩）…200mℓ
- 水…200mℓ

作り方

1 フライパンに手羽先とAを入れ、フタをして中火にかけ、15分煮る。

2 フタを取り、火を強めて焦がさないようにフライパンをゆすりながら煮汁を半量に煮詰める。

Memo　ウスターソース、カレー粉、トマトジュースが合わさるとバーベキューソースのようなパンチのある味に。プルンと皮におおわれた手羽先だと絶妙な加減でソースがからまります。

料理の手順

0分　5分　10分　15分

手羽先のバーベキューソース
- フライパンに手羽先 調味料を入れて煮る → 仕上げる

かぼちゃと玉ねぎのレンジ煮
- 玉ねぎを切り、かぼちゃの種を取って 耐熱容器に入れ電子レンジ加熱 → 仕上げる

ホッとできる和のおかずセット。作りおくことで味がしっかりしみ込み、作りたてよりもおいしくなる2品です。小松菜の煮びたしはツナ缶使用でだしいらず。少ない食材ながら、肉、魚、野菜がバランスよくとれる優秀メニュー。2品とも煮汁ごと小皿に盛りましょう。

副菜

小松菜とツナの煮びたし

調理時間…5分

材料（4人分）

小松菜…1束（300g）
ツナ缶（オイルタイプ）…小1缶（75g）

A しょうゆ、みりん…各大さじ1
水…100mℓ

作り方

1 小松菜は約4cm長さに切る。

2 フライパンに小松菜、軽く油をきったツナ、Aを入れてフタをし、中火にかける。沸騰したらフタを取り、全体を混ぜて1分ほど加熱し、火を止める。

Memo　主菜が濃い味なので、副菜はあえて薄味に。アクの少ない小松菜は下ゆでをしないでそのまま煮汁に加えても大丈夫です。

主菜

鶏の照り煮

調理時間…10分

材料（4人分）

鶏ももから揚げ用肉…500g

A しょうゆ、みりん…各大さじ3
砂糖…小さじ1
水…100mℓ

作り方

1 フライパンに鶏肉とAを入れて中火にかけ、沸騰したらアクを取り、フタをして5分煮る。

2 フタを取り、火を強めて焦がさないようにフライパンをゆすりながら煮汁を半量に煮詰める。好みで一味唐辛子（分量外）をふる。

Memo　作りおきを電子レンジであたため直して食べるので「照り焼き」よりも「照り煮」のほうがおすすめ。照り焼きのように焦げる心配がないのもいいですね。

料理の手順

0分　5分　10分　15分

鶏の照り煮
• フライパンに鶏肉と調味料を入れて煮る →

小松菜とツナの煮びたし
• 小松菜を切る　• フライパンに入れて煮る →

どうしても濃い味になりがちな作りおきおかずですが、レモンの酸味の力を借りればさっぱり仕上げに。副菜のズッキーニは粉チーズとにんにくの風味をきかせ、冷えた白ワインにもよく合う組み合わせ。たまには帰宅後のお母さんのお楽しみメニューも。

副菜

ズッキーニのチーズ焼き

調理時間…12分

材料（4人分）

ズッキーニ…2本

A | にんにく（すりおろす）、塩…各小さじ1/2
| こしょう…適量

オリーブオイル…大さじ1
粉チーズ…大さじ2

作り方

1 ズッキーニは1.5cm幅に切る。ボウルにズッキーニ、Aを入れてよくからめ、さらにオリーブオイルを加えてからめる。

2 アルミホイルを敷いた天板に1を並べ、粉チーズをかけてオーブントースター（1000W）で10分焼く。

Memo　ズッキーニはほうっておけるオーブントースターで焼く調理法を紹介していますが、フライパンで炒めて仕上げに粉チーズをまぶしても構いません。

主菜

豚とねぎの塩レモン蒸し

調理時間…15分

材料（4人分）

豚こま切れ肉…300g　長ねぎ…2本
塩…小さじ1/2　こしょう…適量
レモンの輪切り…4枚

A | 白ワイン…大さじ3
| レモン汁…大さじ1

オリーブオイル…大さじ1

作り方

1 長ねぎは斜め薄切りにする。豚肉は塩、こしょうをもみ込む。

2 フライパンにオリーブオイルをひき、長ねぎを広げる。上に肉を広げてのせ、レモンの輪切りをおき、Aを加える。フタをして中火にかけ、6分蒸し煮にする。

3 フタを取って全体を混ぜ、再びフタをしてさらに約4分加熱する。好みで粗びき黒こしょう適量（分量外）をふる。

Memo　塩味は豚肉につける下味のみ。しっかりともみ込んでください。オリーブオイルをごま油に、白ワインを水に、レモンの輪切りをちぎった梅干し1個分にかえれば和風に。

料理の手順

0分　5分　10分　15分

豚とねぎの塩レモン蒸し

・野菜を切る → ・肉に下味を → ・フライパンで野菜と肉を蒸し煮にする →

ズッキーニのチーズ焼き

・ズッキーニに味つけをしてオーブントースターで焼く →

手の込んだ感がある肉巻きですが、手で裂くことができて下ゆでがいらないまいたけならラクチン。豚肉は薄切りのものではなく、広げやすいしょうが焼き用を使うのも時短テク。こってり味噌味の肉巻きにはさっぱり薄味の副菜を合わせましょう。

副菜

キャベツとあさり缶の さっと煮

調理時間…7分

材料（4人分）

キャベツ…小1/2個（400g）
あさり水煮缶…1缶（100g）

A｜しょうゆ、みりん…各大さじ1.5
　｜水…200mℓ

作り方

1 キャベツをざく切りにする。

2 フライパンにあさり缶を汁ごと入れ、キャベツ、Aを加えてフタをし、中火にかけて5分煮る。

Memo　あさり缶で煮るのでだしいらず。たっぷりのキャベツも蒸し煮にするとグッとカサが減って、ペロリと食べられます。

主菜

まいたけの 味噌だれ肉巻き

調理時間…10分

材料（4人分）

まいたけ…2パック
豚ロースしょうが焼き用肉…12枚（400g）
塩、こしょう…各少々

A｜味噌…大さじ2
　｜みりん、すり白ごま…各大さじ1

サラダ油…大さじ1/2

作り方

1 まいたけは手で12等分に裂く。豚肉にまいたけ1切れをのせて巻き、計12個作る。

2 フライパンにサラダ油をひき、豚肉の巻き終わりを下にして並べる。フタをして中火にかけ、3分焼く。フタを取り、裏返してさらに2分焼く。

3 合わせたAを加え、汁けをとばしながら全体にからめる。

Memo　フタをして蒸し焼きにすると、肉がしっかりつきます。まいたけから水分が出るので焦げつく心配もありません。きのこのうま味が肉にしみておいしいです。

料理の手順

0分　5分　10分　15分

キャベツとあさり缶のさっと煮
• キャベツを切る → • フライパンで煮る →

まいたけの味噌だれ肉巻き
• 豚肉でまいたけを巻く → • フライパンで肉を焼く → • 味つけ

野菜と肉のバランスが充実している韓国風セット。韓国というと「焼き肉」のイメージですが、案外野菜がしっかりとれるメニューも多いんですよ。にらやにんにくを使っているのでスタミナ満点。子どもはごはんと、大人はビールを添えれば疲れも吹き飛ぶはず。

副菜

チヂミ

調理時間…**10**分

材料（4人分）

にんじん…100g　にら…1束
卵…1個

A
- 小麦粉…1/2カップ
- 塩…小さじ1/3　こしょう…少々

ごま油…大さじ1

作り方

1. にんじんはスライサーで細切りにする。にらは4cm長さに切る。
2. ボウルに卵と水20mℓを入れて混ぜ、1とAを入れて混ぜ合わせる。
3. フライパンにごま油をひいて中火にかけ、あたたまったら2を流し入れて広げ、約3分焼く。裏返しにし、フライ返しなどでギュッと押さえながら約3分焼いて取り出し、食べやすい大きさに切る。

Memo　生地は野菜にからまるくらいの量。少ないと感じるかもしれませんが、ちゃんと焼けます。たれなしでもおいしい味つけですが、好みでコチュジャンをつけても。

主菜

プルコギ

調理時間…**10**分

材料（4人分）

牛こま切れ肉…300g
豆もやし…2袋

A
- しょうゆ…大さじ2
- すり白ごま…大さじ1
- 砂糖…大さじ1/2　ごま油…小さじ1
- にんにく（すりおろす）…小さじ1/2

ごま油…大さじ1

作り方

1. 牛肉にAをもみ込む。
2. フライパンにごま油をひいて豆もやしを入れ、1を広げてのせる。フタをして強めの中火にかけ、約5分蒸し焼きにする。フタを取って全体を混ぜ、再度フタをして肉に火が通るまで3〜5分蒸し焼きにする。好みで白すりごま（分量外）をふる。

Memo　炒めて作ることが多いプルコギを蒸し焼きに。ほうっておける時間ができるので2品同時調理がしやすくなります。牛肉の下味は前日からつけておいても。

料理の手順

0分　5分　10分　15分

プルコギ
- 肉に下味をつける →
- フライパンに野菜と肉を入れて蒸し焼きにする →
- 全体を混ぜて蒸し焼きにする →

チヂミ
- 野菜を切る →
- 生地を作る →
- フライパンで焼く →

ほろっと煮えたじゃがいもにたっぷりそぼろがからんでごはんにぴったり。チンゲン菜は湯にしっかりめの塩とごま油を加えてゆでると青くささが消えて、味つけいらず。ほたてのうま味がプラスされ、青菜が苦手な人にも好評です。

副菜

チンゲン菜の中華風あえ物

調理時間…5分

材料（4人分）

チンゲン菜…4株

A｜塩、ごま油…各大さじ1

ほたて水煮缶（ほぐし身）…小1缶

作り方

1 チンゲン菜は食べやすい大きさに切る。

2 フライパンに水1ℓを沸かし、Aを加える。チンゲン菜を入れて30秒ゆで、ザルにあげて湯をしっかりきる。

3 ボウルに2を入れ、ほたて缶を汁ごと加えてよく混ぜ、塩少々（分量外）で味を調える。

Memo　ほたて缶はメーカーによって塩けに違いがあるので、最後に味をみてください。シャキシャキとした食感を残したいので、ゆですぎないように。

主菜

じゃがいものそぼろ煮

調理時間…10分

材料（4人分）

じゃがいも…3個（450g程度）

鶏ひき肉…200g

A｜めんつゆ（3倍濃縮）…大さじ4
　　みりん…大さじ1.5　水…200mℓ
　　※だし汁200mℓ　しょうゆ、みりん各大さじ2　砂糖大さじ1を合わせたものでも代用可

作り方

1 じゃがいもは約3cm角に切り、フライパンに入れてAを加え、中火にかける。沸騰したらひき肉を加え、箸などでほぐしてアクを取り、フタをして5分煮る。

2 フタを取り、火を強めて焦がさないようにフライパンをゆすりながら煮汁を煮詰める。

Memo　最後にフタを取ってゆすりながら煮詰めるのが、ほくほくほろりと仕上げるコツ。どこか懐かしい、ちょっと甘めの味つけです。

料理の手順

0分　5分　10分　15分

じゃがいものそぼろ煮

- じゃがいもを切る → フライパンに じゃがいもとひき肉を 加えて煮る → 仕上げる

チンゲン菜の中華風あえ物

- チンゲン菜を切る
- 湯を沸かしゆでる
- あえる

大人から子どもまで大好きなナゲットを簡単レシピで。片栗粉を加えることで、ふんわりと焼き上がり、再加熱してもとてもおいしく食べられます。アスパラのベーコン巻きは、電子レンジ調理なら下ゆでの手間が省けます。

副菜

アスパラのベーコン巻き

調理時間…5分

材料（4人分）

グリーンアスパラガス…9本（150g）
ベーコン（ハーフサイズ）…12枚
塩、こしょう…各少々
オリーブオイル…小さじ1

作り方

1 アスパラは根本が固いようであればピーラーでむき、4等分に切ってボウルに入れる。オリーブオイルを加えてからめ、塩、こしょうをふる。

2 1を3本そろえてベーコンで巻き、ようじでとめる。計12個作る。

3 耐熱皿に6個を並べ、ラップをふんわりかけ電子レンジ（600W）で1分30秒加熱する。残りも同様に加熱する。

Memo　カット済みのベーコンを使えば時短に。アスパラは食べるときにあたため直すことを考えて、作りたてのときは少し固めに。すぐ食べるなら加熱時間を少し長めにしましょう。

主菜

チキンナゲット

調理時間…10分

材料（4人分）

鶏ももひき肉…500g
卵…1個
A　塩…小さじ1/2　こしょう…適量
　　片栗粉…大さじ1
小麦粉、サラダ油…各適量

作り方

1 ボウルにひき肉、卵、Aを入れてよく練り混ぜる。

2 バットに小麦粉を広げ、1をスプーンですくって落とす。表面に薄く小麦粉をはたきつけ、ナゲットの形に成形する。

3 フライパンにサラダ油を約5㎜深さまで注ぎ中火で熱し、あたたまったら2を入れ、片面約2分ずつ揚げ焼きにする。好みでケチャップをつけて食べる。

Memo　片栗粉が肉だねの水分をしっかりととじ込めて、時間がたってもふんわり食感に。ジューシーに仕上げるためには、ひき肉はもも肉を使うのがおすすめです。

料理の手順

0分　5分　10分　15分

アスパラのベーコン巻き
- アスパラの下ごしらえ
- レンジ加熱

チキンナゲット
- 生地づくり → 成形 → フライパンで揚げ焼き

耐熱性のある小皿ごとオーブンで焼いて作る、こっくり濃厚味の洋風魚料理と、スープでさっと煮た野菜の組み合わせ。魚は焼くと固くなってね……と思う方にはぜひ試していただきたい1品です。ごはんはもちろんですが、パンでもおいしいですよ。

副菜

ブロッコリーと
ベーコンのスープ煮

調理時間…**5**分

材料（4人分）

ブロッコリー…1株
ベーコン…大3枚

A | 固形コンソメスープのもと…1個
バター…少々　水…200mℓ

こしょう…適量

作り方

1 ブロッコリーは小房に分ける。ベーコンは約3cm幅に切る。

2 フライパンに**A**を入れて中火にかける。沸騰して固形コンソメスープのもとが溶けたら**1**を入れ、フタをして約3分蒸し煮にし、こしょうをふる。

Memo　ブロッコリーは下ゆでしないで直煮に。歯ごたえを残すようにさっと火を通します。「スープ煮」といっても水分は最小限。それほど残りませんが一緒に盛り分けましょう。

主菜

鮭のねぎチーズ
マヨ焼き

調理時間…**15**分

材料（4人分）

甘塩鮭…4切れ
長ねぎ…1本

A | ピザ用チーズ…40g
マヨネーズ…大さじ3

作り方

1 鮭は2等分に切る。長ねぎは小口切りにする。

2 4個の耐熱皿に鮭を2切れずつ入れ、長ねぎと**A**を合わせたものを等分にのせ、200℃のオーブンで10分焼く。

Memo　マヨネーズをのせて焼くと、パサつきがちな鮭がやわらかに。焦げたチーズが香ばしく、食欲をそそります。

料理の手順

0分　5分　10分　15分

鮭のねぎチーズマヨ焼き

・オーブン予熱 → ・鮭とねぎの準備 → ・オーブンで焼く →

ブロッコリーとベーコンのスープ煮

・ブロッコリーとベーコンを切る → ・フライパンで煮る →

人気の煮物、ぶり大根をさば缶で簡単にアレンジ。骨がやわらかく、子どもがひとりで食べても安心です。炒めなますは、まろやかな酸味で幅広い年齢層にウケる味。さつま揚げを加えるとうま味が増すうえ、ボリュームアップもできます。

副菜

れんこんとにんじんの炒めなます

調理時間…**10**分

材料（4人分）

れんこん…1/2節（100g）
にんじん…1/2本（100g）
さつま揚げ…2枚
サラダ油…小さじ1

A　酢、砂糖…各大さじ1
　　塩…小さじ1/3

作り方

1 れんこんは半月切りに、にんじんはれんこんより少し薄めの半月切りにする。さつま揚げは1cm幅の細切りにする。

2 フライパンにサラダ油をひいて中火で熱し、1を入れて約3分炒める。Aを入れさっと煮からめる。

Memo　根菜がたっぷりとれるヘルシーな副菜。れんこんは切ってすぐ炒めるので水にさらさなくても大丈夫。酢の効果で黒ずむこともありません。

主菜

さば缶大根

調理時間…**15**分

材料（4人分）

大根…600g
さば水煮缶…2缶（380g）
水…400mℓ　酒…100mℓ

A　しょうゆ、みりん…各大さじ3
　　しょうが（すりおろす）…小さじ1〜2

作り方

1 大根は厚さ約1cm程度の半月またはいちょう切りにする。

2 鍋に大根、水、酒を入れて中火にかける。沸騰したら火を弱め、フタをして大根がやわらかくなるまで約5分煮る。

3 さば水煮缶を汁ごと入れ、Aを加えて中火にする。沸騰したら落としブタをして火を弱め、さらに約10分煮て、仕上げにしょうがを入れる。

Memo　さばの生ぐさみを消すしょうがは、すりおろして煮上がってから加えるのが効果的。コクを出したいときは最後に火を強め、煮汁が半量になるまで煮詰めましょう。

料理の手順

0分　5分　10分　15分

さば缶大根

• 大根を切る → • 鍋に大根を入れて煮る　• さば缶を加えて煮る →

れんこんとにんじんの炒めなます

• 野菜を切る → • フライパンで炒める →

COLUMN

『るすめし』でもパスタが食べたい①

私の友人のご主人はパスタが大好きで、作りおき続きになると「パスタが食べられない」という不満がたまっていくそう。お母さんたちにとって晩ごはんにパスタを作るのは少し手抜きをしたいときだったりするのですが、確かにパスタがゆでられない留守番する人にとっては、逆に恋しくなるメニューなのかもしれません。市販の冷凍パスタはソースつきのものばかり。お母さんの味ではありませんから、やっぱり物足りなくなるのでしょう。だったらプレーンな冷凍パスタをおうちで作ってしまいませんか？ 実はパスタは家庭で冷凍しても、パサパサになりにくいという性質があります。ですからソースも冷凍で小分け保存しておけば、パスタ、ソースとそれぞれ電子レンジであたためて、あえるだけでいいんです。こんなストックがあると、残業を頼まれて急に『るすめし』が必要になった！ というときにも対応できますよ。

自家製冷凍パスタの作り方

スパゲッティなどのロングパスタを袋の表示より1分少なめにゆでます（1人前100gに対して熱湯1ℓ＋塩小さじ2でゆでるのが目安）。ゆであがったら湯をきり、手早く流水で冷やし、水けをしっかり取り1人分ずつ小分けにして保存袋に入れ、冷凍しましょう。使うときは凍ったまま電子レンジのあたためモードで解凍してください。

たらこバターパスタ

材料（1人分）

自家製冷凍パスタ（p.60参照）…1人分

たらこバター（2人分）
たらこ（ほぐしたもの）…1腹
バター…20g

作り方

1 ボウルに室温のバターとたらこを入れて混ぜ、2等分にしてラップでそれぞれ包み、冷凍する。

2 自家製冷凍パスタを電子レンジ（600W）のあたためモードで解凍し、ボウルに入れて、1人分のたらこバターを凍ったまま加えてあえる。器に盛り、好みできざみのり適量（分量外）をのせる。

トマトクリームチーズパスタ

材料（1人分）

自家製冷凍パスタ（p.60参照）…1人分

トマトソース（2人分）
トマト水煮缶…1缶（400g）
オリーブオイル…大さじ2
塩…小さじ1/3
こしょう…少々

クリームチーズ…約20g

作り方

1 耐熱ボウルにトマトソースの材料を入れ、ラップをかけずに電子レンジ（600W）で5分加熱する。粗熱が取れたら2つの保存袋に分けて冷凍する。

2 自家製冷凍パスタと冷凍トマトソース1人分をそれぞれ電子レンジ（600W）のあたためモードで解凍し、ボウルに入れてあえる。クリームチーズを手でちぎってあえる。好みでパセリ（分量外）を散らす。

COLUMN

「簡単汁もの」のすすめ

電子レンジ加熱ができるくらいの留守番する人であれば、電気ケトルのお湯を使うこともできるはず。そうなるとプラスしたいのが「簡単汁もの」です。汁ものだからといって、お椀に作らなくても大丈夫。取っ手があって扱いやすいマグカップなどを用意して、粉がつおと味噌に加えて、わかめや麩など乾燥食材を入れておきます。食べるときにお湯を注げば、簡単味噌汁に。留守番する人が少し大きくなったら具材だけ用意して、配合も自分で調節してもらってもいいでしょう。粉がつおと味噌のかわりに、顆粒鶏ガラスープのもととごま油を入れてもおいしいです。最近、これらをまとめ、ラップで丸めて作りおきする「味噌玉」がブームのようですが、丸めなくても十分おいしい汁ものができますよ。大げさに考えず、汁もの＝ホットドリンクくらいのイメージでいればいいと思います。

粉がつおはちょっと奮発

最近は築地に行く機会があると、粉がつおを買ってきます。知り合いに教えてもらった築地のお店のものがお気に入りです。これがあるだけで、「簡単汁もの」の味がグンとアップ。いっぱい買ってきて冷凍保存をしておけば、香りも味も長持ちします。

Tokyu Store
国産原料100
信州生みそ

3章

鍋ごと あたためて食べる 簡単煮込みおかず

いろいろなおうちに話を聞くと、子どもが留守番中にひとりでコンロの火を使うことができるようになるのは、学校で家庭科の授業が始まる小学校高学年くらいからのようです。火を使う練習をさせるため、あえて煮込みおかずを鍋ごと用意しておくのもいいでしょう。4人家族なら直径20cm前後のものが使い勝手がいいはず。冷蔵庫に入れて保存することもできます。火を使うのにまだ不安がある場合は、保存容器に入れて食べるときにレンジ加熱しても構いません。

　ゴロゴロと大きな具が入っているようなものは、焦げないようにしなが

ら具の中まであたたかくする加減がむずかしいので、『るすめし』にはあまり向かないかもしれません。私は比較的短時間でできて、あたため直しもしやすい「軽い煮込み」をよく作ります。ひと鍋1品でたんぱく源と野菜が一気にとれれば理想的。とろみのあるものは、「ときどき混ぜて焦げつかないようにあたためて」と伝えておきます。ごはんにかけておいしいものなら留守番する人も食べやすいでしょう。3日ほど冷蔵庫で保存できるものもあるので、週末に作りおきしてもいいけれど、手がかからないものばかりですから平日のごはん作りの片手間に仕込むことも負担にならないと思いますよ。

煮込み料理に入れる鶏肉は、コクのあるもも肉や、だしの出る骨つき肉を使うことが多いです。下味の塩はしっかりめにします。軽くふる程度というよりも味の決め手になるくらいの量をすり込んでから煮ると、本当にいいうま味が出るので市販のスープのもとを加える必要もありません。ただあんまり長く煮込みすぎると、水分が抜けてボソボソの「だしがら」になってしまい、具としておいしくなくなります。煮込み時間は10~20分程度でいいんです。忙しい人でも日常的に作れるのではないかな、と思います。

バジル風味のトマトチキン

調理時間…**20**分　冷蔵保存…**4**日

材料（4人分）

鶏もも肉…小2枚（約500g）
ズッキーニ…2本
トマト水煮缶（カット）…1缶
にんにく…1かけ
塩…小さじ1弱
オリーブオイル…大さじ3
塩、こしょう…各適量
バジルソース（市販）…適量

作り方

1. 鶏肉は一口大に切り塩をすり込む。ズッキーニは8㎜幅の輪切りにする。にんにくはつぶす。
2. 鍋にオリーブオイル大さじ1とにんにくを入れ中火で熱し、香りが立ってきたら鶏肉を入れる。軽く焼き色がついたらペーパータオルなどで脂をふき取り、トマト缶、水100㎖、残りのオリーブオイルを加え、火を弱めて約8分煮る。
3. ズッキーニを加えてさらに約5分煮て、塩、こしょうで味を調える。食べるときにバジルソースを加えて混ぜる。

Memo　鶏肉から出た脂を入れないようにすると、さっぱり仕上がります。ズッキーニは1日おくと色が変わりますが、鶏の味がしみて苦手な子でも食べやすいです。市販のバジルソースの風味が加わるとお店風の味に。そのままパスタにからめてもいいので便利です。

チキンのコーンクリーム煮

調理時間…20分　冷蔵保存…3日

材料（4人分）

鶏もも肉…大1枚（300g）
コーン缶（クリーム）…大1缶（435g）
玉ねぎ…1個
じゃがいも…2個
にんじん…1/2本
牛乳…100mℓ

A | 塩…小さじ1/2
　| こしょう…適量

バター…5g

塩、こしょう…各適量

作り方

1 鶏肉は一口大に切り、Aをすり込む。玉ねぎは2cm角に、じゃがいもは8等分に切る。にんじんはいちょう切りにする。

2 鍋にバターを入れて中火で熱し、1を加えて約3分炒める。水300mℓを加え、沸騰したらアクを取り、フタを少しずらしてのせて約10分煮る。

3 コーン缶、牛乳を入れて約2分煮て、塩、こしょうで味を調える。

Memo　市販のルウを使わずに、コーン缶（クリーム）でとろみづけをします。自然な甘さが加わり、短時間でコクのある仕上がりになるお気に入りのレシピです。

鶏のスープ煮

調理時間…30分　冷蔵保存…3日

材料（4人分）

鶏骨つきもも肉（ぶつ切り）…600g
長ねぎ…1本
しいたけ…1パック
しめじ…1パック
塩…小さじ1
酒…1/3カップ
塩、こしょう…各適量

Memo　味つけは塩だけ。だしの出る食材を合わせて煮るだけなのに濃厚なうま味に。あとから加える長ねぎは食感を残すため、入れたらすぐ火を止めて。食べるときはちょっとお行儀が悪いけど、たっぷり汁かけごはんに！

作り方

1 鶏肉に塩をすり込んで15分以上おく。長ねぎは2/3の長さ分を2cm幅のブツ切りに、残りを小口切りにする。しいたけは石づきを切り落とし5mm幅の薄切りに、しめじは石づきを切り落としてほぐす。

2 鍋に鶏肉と2cm幅のねぎ、酒、水1ℓを入れて中火にかける。沸騰したらアクを取り、火を弱めて20分煮る。

3 しめじ、きのこを加えて約5分煮る。塩、こしょうで味を調え、小口切りのねぎを入れる。好みで粗びき黒こしょう（分量外）をふる。

留守番に慣れていないとき。数日留守番が続いているとき。留守番する人の気持ちを上げるための「ごほうび『るすめし』」があると心強いもの。ガッツリ味の煮込みは、育ち盛りの男子への切り札的存在です。肉を大きく切って煮る豚の角煮は、調理時間はかかるけれど鍋まかせでできて日持ちがしますから、休日に作りおきします。牛丼は私自身が忙しいときによく作るメニュー。玉ねぎすら省いて肉だけのこともあります(笑)。逆にカレーは「ごほうび」でありながら野菜もいっぱい食べてもらうチャンス。こんなメリハリが必要ですね。

豚の角煮

調理時間…**1**時間　冷蔵保存…**4**日

材料(4人分)

豚ばらかたまり肉…600g

チンゲン菜…2株

しょうが(薄切り)…2〜3枚

A | しょうゆ、みりん、砂糖…各大さじ3

サラダ油…大さじ1

作り方

1. 豚肉は1cm幅に切る。チンゲン菜は縦に4等分に切り、半分の長さに切る。
2. フライパンにサラダ油をひいて強めの中火で熱し、豚肉を両面1〜2分ずつ焼く。
3. 鍋に**2**、**A**、水300mℓ、しょうがを入れて中火にかける。沸騰したらアクを取り、フタを少しずらしてのせ、弱火で40分煮て(途中で肉を一度裏返す)、チンゲン菜を加えてさっと煮る。

※冷やすと脂が表面にかたまります。取り除くとさっぱり味に。

Memo　時短調理にしたいときは、豚ばら薄切り肉を重ねてかたまり肉のように成形し、3〜4cm幅に切って小麦粉をまぶす、という方法も。これなら煮る時間は20分でいいです。

野菜たっぷりパワフルカレー

調理時間…30分　冷蔵保存…3日

材料（4人分）

豚こま切れ肉…300g
玉ねぎ…大1個
なす…1本
ズッキーニ…1本
パプリカ（赤）…1個
トマト…2個

A
しょうが（すりおろす）…小さじ1
にんにく（すりおろす）、塩…各小さじ1/2
こしょう…適量

カレールウ（中辛）…約40g
塩、こしょう…各適量

作り方

1 豚肉にAをもみ込む。玉ねぎ、なす、ズッキーニ、パプリカは2㎝の角切りに、トマトはざく切りにする。

2 鍋に野菜を広げ、その上に肉を広げてのせる。水100mℓを加え、フタをして中火にかける。あたたまってきたら火を少し弱め、弱火で約15分煮る。全体を混ぜ、さらにフタをして15分煮る。

3 火を止めてカレールウを入れ、溶けたら再び弱火にかけ、とろみがつくまで煮る。塩、こしょうで味を調える。

Memo　我が家でよく作るカレー。ほんの少ししか水を加えずに野菜を蒸し煮に。野菜から出た水分でルウを溶かします。フタがしっかり閉まる鍋で作ること。野菜が焦げつかないようにときどきチェックしましょう。

牛丼のもと

調理時間…**20**分　冷蔵保存…**4**日

材料（4人分）

牛切り落とし肉…300g
玉ねぎ…大1個
しょうが…1かけ

A｜しょうゆ、酒、みりん、砂糖…各大さじ3
｜だし…250mℓ

作り方

1 牛肉は大きければ食べやすい大きさに切る。玉ねぎは繊維を断つように1cm幅の薄切りにする。しょうがはせん切りにする。

2 鍋にA、玉ねぎ、しょうがを入れて弱火にかけ、玉ねぎに火が通るまで約10分煮る。

3 牛肉を広げ入れて軽くほぐし、沸騰したらアクをていねいに取って、さらに約5分煮る。食べるときに好みで紅しょうが適量（分量外）をのせる。

Memo　ちょっといいお肉を使うと格段においしくなりますから、ぜひ国産の適度に脂の入った牛肉を使ってみてください。

うちには女の子がいませんから実際はわかりませんが、もし「ごほうび『るすめし』」を作るとしたら、ちょっとカフェっぽい洋風の煮込みを作るかもしれません。缶詰やスパイスなどをうまく利用すると、家庭でも案外簡単にできます。さらに卵やクリームを最後にのっければ、味も見映えもグンとよくなります。コクをあとから足すのですから、肉はそれほどたくさん使わなくても、また、リーズナブルなものでも大丈夫です。調理時間も短いので、平日でも気軽に仕込めると思います。

ひき肉のデミソース 卵のっけ

調理時間…**20**分　冷蔵保存…**4**日

材料（4人分）

合いびき肉…250g
玉ねぎ…大1個
しめじ…2パック

A
- 塩…小さじ1/2
- こしょう…適量

デミグラスソース缶…1缶（300g）
オイスターソース（なければウスターソース）…大さじ1
バター…5g
サラダ油…適量
塩、こしょう…各適量
卵…4個

作り方

1. 玉ねぎはみじん切りにする。しめじは石づきを切り落としてほぐす。
2. 鍋にサラダ油をひいて中火にかけ、1を入れて約3分炒める。ひき肉とAを加え、ひき肉に火がほぼ通るまで炒める。
3. デミグラスソース缶、オイスターソース、水100㎖、バターを加え、弱火で約8分煮込み、塩、こしょうで味を調える。食べるときに自分の分の卵を割り入れ、フタをして半熟になるまであたためる。

Memo　デミグラスソース缶にうま味があるから加えるひき肉は比較的少量でも大丈夫。オイスターソースを入れると驚くほど缶独特のクセがなくなります。

K.K.H.H

チリビーンズ

調理時間…30分　冷蔵保存…4日

材料（4人分）

豚ひき肉…300g
金時豆水煮缶…1缶（200g）
ひよこ豆水煮缶…1缶（200g）
トマト水煮缶（カット）…1缶（400g）
玉ねぎ…1個　にんじん… 1/2本
にんにく（すりおろす）…1かけ

A｜塩…小さじ1　こしょう…適量

B｜ウスターソース、ケチャップ…各大さじ2
　｜カレー粉…小さじ1　チリパウダー…適量

オリーブオイル…大さじ1

作り方

1 玉ねぎはみじん切りにする。にんじんはすりおろす。

2 鍋にオリーブオイルを入れて中火にかけ、あたたまったら玉ねぎ、にんじん、にんにくを入れてしんなりするまで約3分炒める。ひき肉を加えてAをふり、ほぼ火が通るまで炒める。

3 汁けをきった金時豆缶、ひよこ豆缶、トマト缶、Bを加える。沸騰したら火を弱め、約10分煮て、塩、こしょう適量（分量外）で味を調える。

Memo　チリパウダーは赤唐辛子をメインにクミンやパプリカなどのスパイスを合わせたミックススパイスで辛さは強くありません。辛みの強いチリペッパーと間違えないように。

ストロガノフ風煮込み

調理時間…20分　冷蔵保存…4日

材料（4人分）

牛赤身切り落とし肉…300g
玉ねぎ…大1個
マッシュルーム…2パック
トマト水煮缶（カット）…1缶

A　塩…小さじ1/3
　　こしょう…少々

パプリカパウダー…大さじ1
塩、こしょう…各適量
サラダ油…大さじ1
サワークリーム…適量

作り方

1 牛肉は大きければ食べやすい大きさに切り、Aをもみ込む。玉ねぎは薄切りにする。マッシュルームは半分に切る。

2 鍋にサラダ油をひいて中火にかけ、あたたまったら、玉ねぎとマッシュルームを入れて約3分炒める。トマト缶、パプリカパウダーを入れて弱火で約10分煮る。

3 フライパンにサラダ油少々（分量外）をひいて強めの中火で熱し、牛肉をさっと炒めて2に加え、約2分煮る。塩、こしょうで味を調え、食べるときにサワークリームを加える。

Memo　ロシアのおかずを食べやすくアレンジしました。トマト缶を加えると、小麦粉を入れなくてもとろみがつき、子どもが好きな味に。きのこはお好みのものにかえても構いません。

ごはんにかけておいしい煮込み、といって私が思い浮かべるのがあんかけ煮。とろんとしたあんがからむのが最高です。濃度は水溶き片栗粉でつけますが、あたため直すとサラサラになってしまいがち。本来なら食べるときに濃度をつけ直してください、と言いたいところですが、留守番する人にお願いするのはむずかしいかも。ですから、いつもよりも多く片栗粉を入れるようにして、加えてから火にかける時間も長めにしましょう。濃度があると焦げやすいので、あたため直すときは底からこまめに混ぜるように伝えておくこと。

中華丼のもと

調理時間…**20**分　冷蔵保存…**2**日

材料（4人分）

豚こま切れ肉…200g
シーフードミックス（冷凍）…1袋（200g）
白菜…500g
絹さや…6枚
しょうが（すりおろす）…小さじ1
塩…小さじ1/4
鶏ガラスープのもと（顆粒）…大さじ1.5
塩、こしょう…各適量

A｜片栗粉…大さじ3
　｜水…大さじ6

ごま油…大さじ2

作り方

1. 白菜は1.5㎝幅に切る。絹さやは、筋を取り半分に切る。豚肉は塩をもみ込む。シーフードミックスはさっと水洗いする。
2. 鍋にごま油としょうがを入れて中火で熱し、香りが立ってきたら豚肉を加えさっと炒める。白菜、シーフードミックス、鶏ガラスープのもとと水400㎖を加えてフタをし、沸騰したら火を弱めて約5分蒸し煮にする。
3. 絹さやを加えさっと火を通し、塩、こしょうで味を調え、合わせたAを加えて手早く混ぜ、とろみがついたらさらに30秒ほど混ぜながらしっかり加熱する。

Memo　八宝菜風の煮込み。ごはんにからみやすいように、あんを多めにしました。肉と魚介が用意できれば野菜は2種でも十分。余力があれば、しいたけやたけのこの水煮、うずらの卵の水煮などを加えても。

COLUMN

お父さんのお楽しみ、ひとり鍋

コンビニで見かけるアルミ鍋。仕事帰りのお父さんにとって魅力的な存在のようで、「朝、シンクに食べた痕跡が残っていた」という話をよく聞きます。それなら家で作ったほうが簡単でヘルシーじゃないかと、100円均一の店でも売っているひとり用の土鍋を活用して、レシピを考えました。仕込みは留守番をお願いする前日夜か、当日朝に。鍋のほうには生の野菜、たんぱく源をセットして、別であき瓶などに鍋つゆを入れて冷蔵庫へ。留守番する人は鍋につゆを注いで中火にかけるだけ。用意する人はラクチン、食べる人は気持ちが上がる、『るすめし』です。

キムチ豆腐チゲ

材料（1人分）

豚ばら薄切り肉…70g
キムチ…100g
玉ねぎ…70g
豆腐…1/2丁（約150g）
ごま油…小さじ1

A
- 鶏ガラスープのもと…小さじ2
- しょうゆ、コチュジャン、しょうが（すりおろす）…各小さじ1
- 水…350mℓ

※キムチはメーカーによって味の濃さに差があるので、調整をしてください。

作り方

1. 豚肉、キムチは食べやすい大きさに切る。玉ねぎは薄切りにする。土鍋にごま油をひき、玉ねぎを広げ、豆腐を入れる。さらにキムチをのせ、豚肉を広げてフタをし、冷蔵庫に保存する。
2. Aを合わせてあき瓶などに入れ、1と一緒に冷蔵庫で保存する。
3. 食べるときに1に2を注いで中火にかけ、沸騰してから豚肉に火が通るまで約5分煮る。シメにごはんを入れてもおいしい。

ピリ辛担々鍋

材料（1人分）

豚ひき肉…80g　もやし…1袋
小松菜（食べやすい大きさに切る）…1株
もめん豆腐（スプーンで大きめにすくう）…1/2丁

A　にんにく（すりおろす）、
　しょうが（すりおろす）…各小さじ1
　豆板醤…小さじ1/2

B　練り白ごま…大さじ2　味噌…大さじ1
　しょうゆ、鶏ガラスープのもと
　…大さじ1/2

ごま油…小さじ1　ラー油…適量

作り方

1 土鍋にもやしと小松菜、豆腐を入れ、冷蔵庫で保存する。

2 鍋にごま油をひき、Aを入れて中火にかける。香りが立ってきたらひき肉を加えて炒める。色が変わってきたらBと水400mℓを入れて、さっと沸かす。粗熱が取れたらあき瓶などに入れて、冷蔵庫で保存する。

3 食べるときに1に2を注いで中火にかけ、沸騰してから約3分煮てラー油をかける。シメに中華生めんを入れてもおいしい。

豚と野菜の味噌煮込み鍋

材料（1人分）

豚こま切れ肉…80g
白菜（2cm幅に切る）…大1枚
長ねぎ（2cm長さに切る）…1/2本
かぼちゃ（一口大に切る）…60g

A　にんにく（すりおろす）、
　しょうが（すりおろす）…各小さじ1
　味噌…大さじ2
　だし汁…350mℓ

作り方

1 土鍋にすべての野菜と豚肉を入れ、フタをして冷蔵庫で保存する。

2 Aを合わせてあき瓶などに入れ、1と一緒に冷蔵庫で保存する。

3 食べるときに1に2を注いで中火にかけ、沸騰してから豚肉に火が通るまで約5分煮る。シメに冷凍うどんを入れてもおいしい。

鍋焼きうどん

材料（1人分）

ゆでうどん…1玉
鶏もも肉（一口大に切る）…40g
長ねぎ（斜め切り）…40g
しいたけ（半分に切る）…2枚
卵…1個

A｜薄口しょうゆ、みりん…各大さじ1.5
　｜だし汁…350mℓ

作り方

1 土鍋にすべての野菜と鶏肉、うどんを入れて冷蔵庫で保存する。

2 Aを合わせてあき瓶などに入れ、1と一緒に冷蔵庫で保存する。

3 食べるときに1に2を注いで中火にかけ、沸騰してから鶏肉に火が通るまで約5分煮る。仕上げに卵を割り入れて軽く煮る。好みで一味唐辛子（分量外）をふる。

ブイヤベース鍋

材料（1人分）

甘塩たら（半分に切る）…1切れ
じゃがいも（いちょう切り）…1個
玉ねぎ（薄切り）…100g

A｜オリーブオイル…大さじ2
　｜固形コンソメスープのもと…1個
　｜にんにく（すりおろす）…小さじ1
　｜こしょう…適量
　｜トマトジュース（無塩）…1缶（200mℓ）

作り方

1 じゃがいもはさっと洗い、耐熱皿に入れてラップをかけ、電子レンジ（600W）で1分半加熱する。すべての野菜とたらを土鍋に入れてフタをし、冷蔵庫で保存する。

2 Aと水200mℓを合わせてあき瓶などに入れ、1と一緒に冷蔵庫で保存する。

3 食べるときに1に2を注いで中火にかけ、沸騰してからたらに火が通るまで約5分煮る。好みでパセリのみじん切り適量（分量外）をふる。シメにごはんと溶けるチーズを入れてもおいしい。

4章

留守番する人が仕上げの調理をするおかず

鍋を火にかける経験のある人が留守番するのであれば、調理に挑戦してもらいましょう。メニューは1品でたんぱく質も野菜もとれるものに。下ごしらえはお母さんが担当。肉や魚は合わせ調味料に漬け込んで、野菜は切って、別々に冷蔵庫または冷凍庫に保存しておきます。仕込みは5～10分程度です。冷凍した肉・魚は使う前に冷蔵庫で解凍を、野菜類は凍ったままで加えて構いません。その場合、加熱時間は5分ほど長めにしましょう。

留守番する人が担当するのは仕上げ調理。調理器具はコーティング加工のしてある直径25～28cm程度の

深型フライパンが使いやすくておすすめです。炒めるときも焼くときも、油をひいたフライパンに仕込んだ材料を入れてフタをしてから火にかけることで食材の生焼けと油はねを防止。蒸されて野菜のカサが減り、全体を混ぜやすくなります。火加減の調整などをしなくても、おいしく作れますよ。もちろん作り方のメモを残しておくのも大事です。

　できたてのおいしさを堪能できるのは作った人の特権。「自分でやった」という経験は自信につながるはず。あとから帰宅した人は、皿に取り分けて電子レンジであたためてどうぞ。「おいしい！」といった賞賛の言葉をかけることを忘れずに。

北海道の漁師料理として有名なちゃんちゃん焼き。本来は鉄板で豪快に作りますが、フライパンでやるほうが気軽。蒸し焼きは加熱調理の中で一番簡単で失敗のない方法なので、最初に挑戦する料理としてもおすすめ。甘い味噌バターでごはんが進みますよ。

鮭のちゃんちゃん焼き

調理時間…5分+15分

材料(4人分)

＋

鮭のハニー味噌マリネ

保存期間…冷蔵2日(冷凍3週間)

生鮭…4切れ(400g)

A | 味噌、はちみつ…各大さじ3

キャベツ&もやしミックス

保存期間…冷蔵2日

キャベツ…小1/2個
もやし…1袋

ごま油…大さじ1/2
バター…10g

作り方

仕込み

1 鮭のハニー味噌マリネを作る。ボウル(またはポリ袋)にAを入れてよく混ぜ、鮭を加えてまんべんなくからめる。保存容器か保存袋にうつし、冷蔵庫で保存する。

2 キャベツ&もやしミックスを作る。キャベツはざく切りにして保存袋に入れ、もやしを加えて冷蔵庫で保存する。

調理

3 フライパンにごま油をひき、2を広げて1の鮭をのせ、漬け汁も加える。フタをして中火にかけ、10分加熱する。熱いうちにバターをのせる。

Memo 鮭の生ぐささを味噌がマスキングしてくれるので下処理なしの直漬けでも大丈夫。味噌だれにすりおろしにんにくを、野菜に玉ねぎの輪切りやしめじなどを加えてもおいしいです。魚は漬けだれをもみ込むとつぶれてしまうので、からめるようにします。バターは計量済みのものを用意しておきましょう。

あらかじめ鶏肉に味をしみ込ませておけば、フライパンを使った時短調理で煮物もできちゃいます。ハニー味噌漬けにした鶏肉は煮物にすると、驚くほどやわらかに。実は親世代のための『るすめし』としてもおすすめのメニューです。

鶏とかぼちゃの味噌煮

調理時間…5分+15分

材料(4人分)

鶏肉のハニー味噌マリネ

保存期間…冷蔵3日(冷凍3週間)

鶏もも肉…400g(小2枚)

A | 味噌、はちみつ…各大さじ3

カットかぼちゃ

保存期間…冷蔵2日

かぼちゃ…1/4個

作り方

仕込み

1 鶏肉のハニー味噌マリネを作る。鶏肉は一口大に切る。ボウル(またはポリ袋)に鶏肉とAを入れてよくもみ込む。保存容器か保存袋にうつし、冷蔵庫で保存する。

2 カットかぼちゃを作る。かぼちゃは種をとって約3cm角に切り、保存袋に入れて冷蔵庫で保存する。

調理

3 フライパンに1を漬け汁ごと入れ、2と水200mlを加える。フタをして中火にかけ、10分加熱する。

Memo 意外と火の通りの早いかぼちゃ。煮物にすると煮くずれしやすく失敗しがちですが、この調理方法なら大丈夫。お母さんの普段のごはん作りにもぜひ活用してください。

にんにく風味の手羽焼きは子どもから大人まで人気のメニュー。かぶと一緒に焼くと鶏のうま味がしみて美味。蒸し焼きをしてから焼きつけるプロセスがあるので、少し調理に慣れたくらいに挑戦するのがいいかもしれません。焼きたてのおいしさが格別な料理です。かぶは茎を残して切るのが見映えがするのでおすすめです。

手羽中とかぶのスパイシーソテー

調理時間…**5**分＋**15**分

材料(4人分)

＋

鶏手羽中のスパイシーガーリックマリネ

保存期間…冷蔵**3**日(冷凍**3**週間)

鶏手羽中…500g

A
- 塩…小さじ2/3
- こしょう…適量
- にんにく(すりおろす)…小さじ1

カットかぶ

保存期間…冷蔵**2**日

かぶ(茎のついたもの)…3〜4個(300g)

サラダ油…大さじ1

作り方

＼仕込み／

1 鶏手羽中のスパイシーガーリックマリネを作る。ボウル(またはポリ袋)に手羽中と**A**を入れてよくもみ込む。保存容器か保存袋にうつし、冷蔵庫で保存する。

2 カットかぶを作る。かぶは茎を少し残して切り落とし、くし形切りにして保存袋に入れて冷蔵庫で保存する。

※茎の間に土があるときは、切ってから10分ほど水につけると取れやすくなります。

＼調理／

3 フライパンにサラダ油をひき、**1**、**2**、水大さじ2を入れる。フタをして中火にかけ、6分加熱する。フタを取り、混ぜながら軽く焼き色がつくように、4分ほど焼く。

Memo　スパイシーガーリックマリネを魚でする場合は、ぶりやかじきなどの切り身4切れに塩小さじ1をすり込んで10分ほどおいて出てきた余分な水分をさっと水洗いし、ペーパータオルでふき取ってから**A**に漬け込むと、魚ぐささがおさえられます。

定番の豚のしょうが焼きは焦げつきやすいのがむずかしいところなので、好みのきのこと合わせて蒸し炒めにするのがおすすめ。リーズナブルな豚こま切れ肉は固い部位が入っていることもありますが、しょうがの効果でやわらかく仕上がります。

豚ときのこのしょうが焼き

調理時間…5分＋15分

材料(4人分)

＋

豚こまのしょうがじょうゆ漬け

保存期間…冷蔵3日(冷凍3週間)

豚こま切れ肉…400g

A
しょうゆ…大さじ2
しょうが(すりおろす)…大さじ1

ミックスきのこ

保存期間…冷蔵2日(冷凍3週間)

きのこ(エリンギ、しめじ、しいたけなど)…300g

サラダ油…大さじ1

作り方

仕込み

1 豚こまのしょうがじょうゆ漬けを作る。ボウル(またはポリ袋)に豚肉とAを入れてよくもみ込む。保存容器か保存袋にうつし、冷蔵庫で保存する。

2 ミックスきのこを作る。きのこ類は石づきを落とす。エリンギ、しいたけは食べやすい縦4等分に、しめじは小房に分ける。保存袋に入れて冷蔵庫で保存する。

調理

3 フライパンにサラダ油をひき、2を敷きつめ、1を広げてのせる。フタをして中火にかけ、6分加熱する。フタを取り、豚肉をほぐしてきのこと混ぜ、さらに4分加熱する。

Memo　フタをして蒸し焼きにすると、きのこから水けが出るので焦げつきません。仕上げは肉の色が変わるまで加熱を。水けをとばすように混ぜながら……が正解です。せん切りキャベツを用意しておいて、皿に一緒に盛っても。

魚の切り身を焼くのは裏返すときに身が崩れやすくてむずかしいものですが、蒸し焼きで火を入れればその手間も省けます。トマトから水分が出て、水を加えなくても蒸し焼きになるレシピ。レモンとオイルでマリネするとクセがなくなり、魚の苦手な子でも食べやすくなります。

かじきのトマトレモン蒸し焼き

調理時間…12分+15分

材料（4人分）

＋

かじきの塩レモンオイルマリネ

保存期間…冷蔵2日（冷凍3週間）

かじき…4切れ（400g）
塩…小さじ1

A
レモン（輪切り）…4枚
塩…小さじ1/2
オリーブオイル…大さじ4

トマトセロリミックス

保存期間…冷蔵2日（冷凍3週間）

トマト…3個（400g）
セロリ…1本（100g）

オリーブオイル…大さじ1/2

作り方

仕込み

1 かじきの塩レモンオイルマリネを作る。かじきは塩をすり込んで10分ほどおき、さっと水洗いしてペーパータオルなどでふき取る。ボウル（またはポリ袋）にかじきとAを入れてまんべんなくからめる。保存容器か保存袋にうつし、冷蔵庫で保存する。

2 トマトセロリミックスを作る。トマトはくし形切りに、セロリは筋を取って約7㎜厚さの斜め切りにして、保存袋に入れて冷蔵庫で保存する。

調理

3 フライパンにオリーブオイルをひき、2を広げる。1のかじきをおいてレモンをのせ、漬け汁を回しかける。フタをして中火にかけ、10分加熱する。フタを取り、好みで粗びき黒こしょう（分量外）をふる。

Memo　魚は漬け込む前にくさみを取り除くための下処理をしておくと、仕上がりの味に差が出ます。トマトの形が崩れることが気にならなければ、トマトセロリミックスは冷凍してもいいでしょう。

にんにくとしょうがのきいたピリ辛の煮物は若い人たちにも好評。漬けだれにごま油が入っているので、炒め物のようなコクも出ます。大根は5㎜幅程度に切れば、下ゆでをしないで豚肉と同時に煮始めてもしっかり火が通りますよ。

豚と大根のコリアン煮

調理時間…5分+20分

材料(4人分)

豚こまのコリアンだれ漬け

保存期間…冷蔵3日(冷凍3週間)

豚こま切れ肉…400g

A
コチュジャン、味噌、しょうゆ、ごま油…各大さじ1
しょうが(すりおろす)、にんにく(すりおろす)…各小さじ1

カット大根

保存期間…冷蔵2日

大根…400g

作り方

仕込み

1 豚こまのコリアンだれ漬けを作る。ボウル(またはポリ袋)に豚肉とAを入れてよくもみ込む。保存容器か保存袋にうつし、冷蔵庫で保存する。

2 カット大根を作る。大根は5㎜幅のいちょう切りにし、保存袋に入れて冷蔵庫で保存する。

調理

3 フライパンに2を広げ、1の豚肉を広げてのせ、水200㎖を加える。フタをして中火にかけ10分加熱する。フタを取り、豚肉をほぐして全体を混ぜ、火が通るまで5分加熱する。好みで3㎝長さに切った小ねぎ適量(分量外)を散らし、一味唐辛子適量(分量外)をかける。

Memo　小ねぎを散らす場合は、大根と別の保存袋に入れて添えておきましょう。市販のキムチを用意しておいて「一緒にどうぞ」とメモを残しておいてもいいですね。

本当は魚を一尾丸ごと使い、煮汁を魚にかけてうま味をすわせながら作るアクアパッツア。切り身を使い、うま味をプラスするために塩麹に漬けておいて、簡単にしました。殻つきのあさりを加えると見た目が豪華で、できたときに達成感がありますね。

簡単アクアパッツア

調理時間…5分+15分

材料(4人分)

鯛の塩麹漬け

保存期間…冷蔵2日(冷凍3週間)

鯛…4切れ(400g)
塩麹…大さじ2〜3

トマトガーリックミックス

保存期間…冷蔵3日(冷凍3週間)

ミニトマト…8個
にんにく…1かけ

あさり(殻つき・砂出し処理済みのもの)…150g
オリーブオイル…大さじ3

作り方

仕込み

1 鯛の塩麹漬けを作る。ボウル(またはポリ袋)に鯛と塩麹を入れてまんべんなくからめる。保存容器か保存袋にうつし、冷蔵庫で保存する。

2 トマトガーリックミックスを作る。ミニトマトはヘタを取り、にんにくは薄切りにしてラップに包み、一緒に保存袋に入れて冷蔵庫で保存する。

調理

3 フライパンにオリーブオイル大さじ1をひき、1、2のにんにく、水150mℓを入れる。フタをして中火にかけ、8分加熱する。

4 フタを取り、2のミニトマト、よく洗ったあさり※を加え、再びフタをして1〜2分加熱する。あさりの口が開いたら残りのオリーブオイルをかける。好みでパセリのみじん切り適量(分量外)を散らす。

※あさりはあらかじめ洗って保存袋に入れて、冷蔵庫で保存しておいてもいいです(冷凍保存も可)。

Memo　あさりは砂出し処理済みのものを使うと手間が省けます。殻をこすり合わせるようにして洗ったら、保存袋に入れて冷凍保存もできます。魚はさわらなどを使っても。

ひき肉もキャベツも味つけして保存。塩もみしたキャベツの水けを絞ればカサが減り、蒸し焼きのプロセスなしでも炒めやすくなります。ドッグパンに挟んで食べるのもおすすめです。肉のマリネに使ったカレー粉は応用範囲が広く、万人受けする風味なので便利です。

ひき肉と塩キャベツのカレー炒め

調理時間…5分+10分

材料(4人分)

＋

合いびき肉のカレーソルトオイルマリネ

保存期間…冷蔵2日(冷凍3週間)

合いびき肉…400g

A カレー粉、サラダ油…各大さじ1
塩…小さじ1/2

塩キャベツ

保存期間…冷蔵2日

キャベツ…小1/2個(400g)
塩…小さじ1/2

サラダ油…大さじ1

作り方

\ 仕込み /

1 合いびき肉のカレーソルトオイルマリネを作る。ボウル(またはポリ袋)にひき肉とAを入れてよくまぜる。保存容器か保存袋にうつし、冷蔵庫で保存する。

2 塩キャベツを作る。キャベツはざく切りにして保存袋に入れ、塩を加えてよくもみ込む。水けを絞って保存袋に入れ、冷蔵庫で保存する。

\ 調理 /

3 フライパンにサラダ油をひき、1を入れて中火にかける。ときどき混ぜながらパラパラになるまで炒め、水けを絞った2を加えて約2分炒める。

Memo　味つけは塩だけですが、漬け込むと素材のうま味が引き出されてとてもおいしくなります。パサつきやすく劣化の早いひき肉は油とスパイスを足すことで保存も可能に。肉に味をつけるときに練らないようにすること。

カレー風味のポークソテーにマッシュポテトをのせました。焼いている間にあたたまり、冷たいまま添えるよりもずっとおいしいです。さらに溶けるチーズをトッピングすれば豪華に。これを作るために子どもたちがスキップして帰ってくる姿が見えるようです。

ごちそうカレーポークソテー

調理時間…10分+10分

材料（4人分）

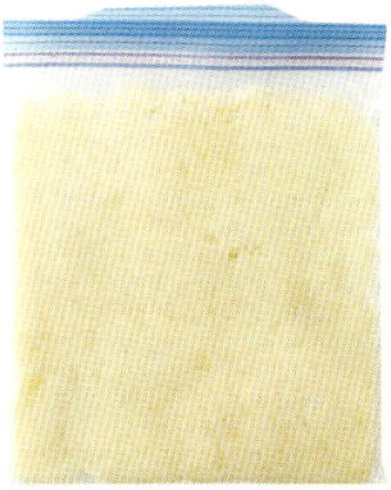

豚ロースの カレーソルトオイルマリネ

保存期間…冷蔵3日（冷凍3週間）

豚ロース肉（とんかつ用）…4枚（400g）

A | カレー粉、サラダ油…各大さじ1
塩…小さじ1/2

マッシュポテト

保存期間…冷蔵2日（冷凍3週間）

じゃがいも…2個（250g）

サラダ油…大さじ1/2
ピザ用チーズ…60g

作り方

\ 仕込み /

1 豚ロースのカレーソルトオイルマリネを作る。豚肉は筋切りをする。ボウル（またはポリ袋）に豚肉とAを入れてよくもみ込む。保存容器か保存袋にうつし、冷蔵庫で保存する。

2 マッシュポテトを作る。じゃがいもはラップで包んで電子レンジ（600W）で6分加熱する。熱いうちに皮をむいてつぶし、保存袋にうつして冷蔵庫で保存する。

\ 調理 /

3 フライパンにサラダ油をひき、豚肉を並べる。フタをして中火にかけて4分焼く。

4 火を止めてフタを取り、肉を裏返す。肉の上に2を等分におき、チーズをのせてフタをし、再び中火にかけて約3分加熱する。好みでパセリのみじん切り適量（分量外）をふる。

Memo　豚肉を裏返してポテトやチーズをのせる作業をするときは、火をつけたままだと熱いので、一度火を止めるように伝えたほうが安心です。

身のやわらかいぶりを裏返すプロセスがあるので、少し難易度が高めかもしれません。これができれば、かなり調理力がアップしているはずです。でも焦げつく心配もなく、一般的なぶり照りのレシピと比較するとずっと作りやすいと思います。

ぶりとアスパラの照り焼き

調理時間…5分+10分

材料(4人分)

ぶりの照り焼きだれ漬け

保存期間…冷蔵2日(冷凍3週間)

ぶり…4切れ(400g)

A
- みりん…大さじ3
- しょうゆ…大さじ2

カットアスパラ

保存期間…冷蔵2日(冷凍3週間)

グリーンアスパラガス(あまり太くないもの)…2束(100g)

サラダ油…大さじ1/2

作り方

仕込み

1 ぶりの照り焼きだれ漬けを作る。ボウル(またはポリ袋)にぶりとAを入れてまんべんなくからめる。保存容器か保存袋にうつし、冷蔵庫で保存する。

2 カットアスパラを作る。アスパラは根元が固いようであればピーラーでむき、食べやすい大きさに切る。保存袋に入れて冷蔵庫で保存する。

調理

3 フライパンにサラダ油をひき、1のぶりを汁けをきって入れる。フタをして中火にかけ、3分加熱する。

4 火を止めてぶりを裏返し、2を加えて再びフタをして中火にかけ、2分加熱する。フタを取り、3で残った漬け汁を回しかけて軽く煮立てる。

Memo　香りの強いしょうゆを漬けだれに入れるので、魚のくさみを取る下処理の必要はなし。あらかじめ漬け込んでいるのでぶりに味がしっかり浸透。調味液の量は最小限でいいので、照り焼きだれを煮からめるときにも「照り煮」のようにならず、香ばしく焼けます。

COLUMN

この章で紹介した8つの漬けだれ、マリネ液

肉や魚を漬けだれやマリネ液に漬けておくと、うま味が凝縮し保存性が上がります。冷凍保存もできるので、時間があるときやスーパーで安売りのときなどに余分に買ってストックしておくと安心です。食材と漬けだれ、マリネ液の組み合わせは自由に変えても構いません。すべて肉、魚４００ｇに対しての分量になっています。

魚の場合は塩をすり込んで5分ほどおき、さっと洗ってペーパータオルで水けをふき取ってから漬けると、生ぐささがおさえられます。味噌漬け、しょうがじょうゆ、コリアンだれ、塩麹の場合は、調味料がくさみをマスキングしてくれるので下処理をする必要はありません。

この章ではおかず1品で夜ごはんが完結するように、野菜と合わせて作れるレシピを紹介しましたが、何も加えずにそのまま焼いたり炒めたりしても大丈夫。ただし、野菜４００～５００ｇと合わせてちょうどいいくらいの味つけになっているので、単体で調理する場合は調味料の量を少しひかえめにするといいでしょう。

［肉・魚400gの漬けだれ、マリネ液（＋野菜400〜500g分）］

コリアンだれ

コチュジャン、味噌、
しょうゆ、ごま油…各大さじ1
しょうが（すりおろす）、
にんにく（すりおろす）…各小さじ1

ハニー味噌マリネ液

はちみつ、味噌…各大さじ3
（好みでにんにくやしょうがの
すりおろしを加えても）

塩麹

塩麹…大さじ2〜3
（メーカーによって差があります）

スパイシーガーリックマリネ液

塩…小さじ2/3
こしょう…適量
にんにく（すりおろす）…小さじ1

カレーソルトオイルマリネ液

カレー粉、サラダ油…各大さじ1
塩…小さじ1/2〜2/3
※合わせる野菜を塩もみしていない
場合は、塩を多くしましょう。

しょうがじょうゆ漬け

しょうゆ…大さじ2
しょうが（すりおろす）…大さじ1

照り焼きだれ

みりん…大さじ3
しょうゆ…大さじ2

塩レモンオイルマリネ液

塩…小さじ1/2〜2/3
レモン（輪切り）…4枚
オリーブオイル…大さじ4
※下処理をしない肉は塩を多めに。

COLUMN

『るすめし』でもパスタが食べたい②

留守番する人が炒める調理をマスターしても、案外パスタをゆでることはまかせられなかったりします。お父さんなら「そろそろ覚えてくださーい」と言えるのですが、まだまだ小さい中学生（3月生まれの息子たちも小さめでした！）に1ℓの熱湯をザルあげさせるのは、ちょっぴり不安があります。

だけど、せっかくコンロの火での調理ができるようになったのでしたら、ソースのバージョンアップをしましょう。野菜はカットして小分けに保存袋に入れて冷凍。調味料はレシピメモを渡して計量してもらいます。きっちり指示を出せば喜々として取り組みます。ただし片づけがあまり好きではないのは主婦同様なので、作りっぱなしにしないように、多少そちらの段取りまで含めた指示出しが必要かもしれませんね。

冷凍野菜の活用法

4章で紹介した冷凍野菜のストックがあると本当に便利。普段料理をしていて玉ねぎ、長ねぎ、きのこ、ピーマン、キャベツ、にんじん、小松菜などが半端に余ったときには切って冷凍してしまいます。なんとなく用途別に袋分けしておくのがコツ。『るすめし』パスタ用はもちろん、煮干しと一緒に入れて「具だくさん味噌汁」用のセットも役に立ちますよ。

きのこバターしょうゆパスタ

材料（1人分）

自家製冷凍パスタ（p.60参照）…1人分

冷凍きのこバターミックス

きのこ（しいたけ、しめじなど）…100g
バター…10g

しょうゆ…小さじ2

作り方

1 冷凍きのこバターミックスを作る。きのこ類は石づきを切り落として、食べやすく切る（またはほぐす）。バターと一緒に保存袋に入れて冷凍する。

2 フライパンに冷凍きのこバターミックスを入れて熱し、フタをして中火で3分加熱する。火を止めてしょうゆを加え、全体をさっと混ぜる。

3 自家製冷凍パスタを電子レンジ（600W）のあたためモードで解凍し、2に加えてからめる。食べるときに好みで小ねぎの小口切り適量（分量外）をのせる。

スパゲッティナポリタン

材料（1人分）

自家製冷凍パスタ（p.60参照）
…1人分

冷凍ナポリタンミックス

ウインナーソーセージ…3～4本
玉ねぎ…50g
ピーマン…1個

ケチャップ…大さじ2
サラダ油…小さじ1　粉チーズ…小さじ2

作り方

1 冷凍ナポリタンミックスを作る。ウインナーは斜め切りに、玉ねぎは薄切りに、ピーマンは細切りにして、保存袋に入れて冷凍する。

2 フライパンにサラダ油をひいて冷凍ナポリタンミックスを入れ、フタをして中火で2分加熱する。火を止めてケチャップを加え、全体をさっと混ぜる。

3 自家製冷凍パスタを電子レンジ（600W）のあたためモードで解凍し、2に加えてからめる。食べるときに粉チーズをふる。

COLUMN

スキレットでイベント焼きめし

ミニサイズの鉄製スキレットが人気ですね。リーズナブルに手に入るので、『るすめし』に取り入れてみてはいかがでしょうか。スキレットのいいところはしっかり焦げめがつくこと。ごはんを入れて焼くときれいな「おこげ」ができます。ごはんもののメニューを作りおきして、クッキングシートを敷いた皿に盛り、ラップをかけて冷蔵庫で保存。留守番する人にスキレットを使ってあたためてもらえば、カリカリのおいしさが味わえるのです。

普段よく作るようなメニューも「焼き」が加わると、グッとごちそう感がアップ。イベント的な楽しさもいいですね。

石焼きビビンバ風焼きめし

材料（1人分）

ごはん…150〜200g
牛こま切れ肉…50g
もやし…1/2袋（100g）
小松菜（食べやすく切る）…1株（50g）

A
すりごま、ごま油…各小さじ1
塩…少々

B
しょうゆ…大さじ1
すり白ごま、ごま油…各小さじ1
砂糖…小さじ1/2
にんにく（すりおろす）…小さじ1/4

ごま油…小さじ1

作り方

1. 耐熱のボウルにもやしと小松菜を入れラップをかけ、電子レンジ（600W）で2分加熱する。取り出してザルにあけ、水けがきれたらAを混ぜ合わせる。
2. 耐熱のボウルに牛こま肉とBを入れて混ぜ、ラップをかけて電子レンジで1分半加熱し、ざっくりほぐす。
3. 食べるときに、ごま油をひいたスキレットにごはんを広げ、1、2をのせて中火にかける。底面に焦げめがつくまで5分ほど焼き、好みでキムチ（適量）をのせる。

※スキレットが2個あれば、片方をフタがわりにも使えます。

K.K.H.H.

焼きカレー 卵のっけ

材料（1人分）

ごはん…150～200g
コンビーフ…50g
玉ねぎ（みじん切り）…50g
卵…1個

A | カレールウ…25g　バター…5g
水…1/3カップ

サラダ油…小さじ1

作り方

1 耐熱ボウルに玉ねぎ、コンビーフ、Aを入れて電子レンジ（600W）で2分加熱する。一度取り出して混ぜ、さらに1分加熱して、ごはんを加えて混ぜる。

2 食べるときに、サラダ油をひいたスキレットに1を広げ、卵を割り入れてフタをして中火にかける。底面に焦げめがつくまで5分ほど焼く。

焼きチキンライス

材料（1人分）

ごはん…150～200g
鶏もも肉（小さめの角切り）…60g
玉ねぎ（小さめの角切り）…50g
ピーマン（小さめの角切り）…1個

A | バター…5g
ケチャップ…大さじ2～3

塩、こしょう…各適量
サラダ油…小さじ1
ピザ用チーズ…40g

作り方

1 耐熱ボウルに鶏肉、玉ねぎ、ピーマン、Aを入れてラップをかけ、電子レンジ（600W）で2分加熱する。ごはんを加えてよく混ぜ、塩、こしょうで味を調える。

2 食べるときに、サラダ油をひいたスキレットに1を広げてチーズを散らし、フタをして中火にかける。底面に焦げめがつくまで5分ほど焼く。好みで粗びき黒こしょう（分量外）をふる。

※スキレットが2個あれば、片方をフタがわりにも使えます。

ロコモコ風焼きめし

材料（1人分）

ごはん…150～200g
合いびき肉…100g
塩、こしょう…各適量
トマト（角切り）…中1個
レタス（小さくちぎる）…小1枚
サラダ油…小さじ1
ケチャップ、マヨネーズ…各適量

作り方

1 合いびき肉は両手ではさむようにしてギュッと押し、ハンバーグ状に形作る。

2 フライパンを中火にかけてサラダ油少々（分量外）をひき、あたたまったらひき肉を入れる。塩、こしょうをふって両面こんがり焼き、火を通す。

3 食べるときに、サラダ油をひいたスキレットにごはんを広げ、2とトマトをのせ、中火にかける。底面に焦げめがつくまで5分ほど焼く。レタスをのせ、ケチャップとマヨネーズをかける。

焼きジャンバラヤ

材料（1人分）

ごはん…150～200g
ウインナーソーセージ（斜め切り）…2～3本
玉ねぎ（みじん切り）…50g
ピーマン（輪切り）…1個

A ウスターソース…小さじ1～2
カレー粉、サラダ油…各小さじ1

塩、こしょう…各少々
サラダ油…小さじ1

作り方

1 耐熱ボウルにソーセージ、玉ねぎ、ピーマン、Aを入れてラップをかけ、電子レンジ（600W）で2分加熱する。一度取り出して混ぜ、さらに1分加熱して、ごはんを加えて混ぜ、塩、こしょうで味を調える。

2 食べるときに、サラダ油をひいたスキレットに1を広げ、中火にかける。底面に焦げめがつくまで5分ほど焼く。好みで粗びき黒こしょう適量（分量外）をふる。

使いやすいツールについて

この本で使用した調理器具や保存容器など、『るすめし』ツールについて紹介します。もちろんお手持ちのもので作っても構いませんが、使いやすいポイントなどを参考にしてみてください。

保存容器

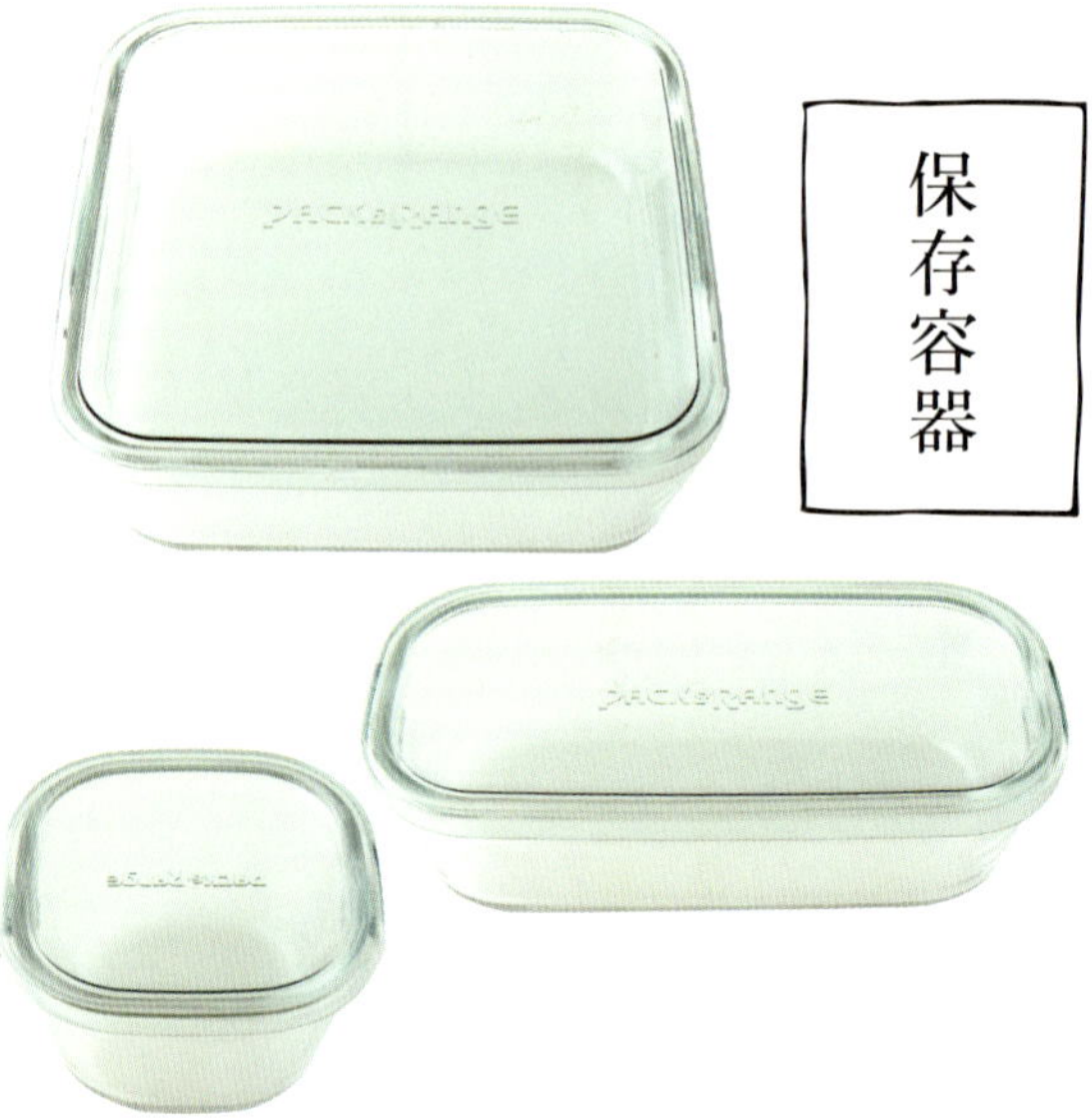

1章ではiwakiの「パック&レンジ」を使いました。大きいものは容量が1・2ℓあるので4人家族分の作りおきにぴったり。耐熱製であることをいかして、そのままオーブンや電子レンジで調理することもできます。ガラス製で、留守番する人に中身のおかずがわかりやすいのもいいですね。食卓にそのまま出せるビジュアルというのも重要なポイント。大中小とサイズバリエがあり、添え物などを分けて保存する場合はそろえておくと便利です。

器

2章の器は電子レンジにかけてあたためられるのが必須。小皿はおかずを汁けごと取り分けられる深さがあることも大事です。そこでイッタラの「ティーマ」シリーズの長皿、角皿を使いました。丸い器に比べてスクエアな形は冷蔵庫で保存するときも場所を取りませんから、家族分のセットも保存しやすいです。シンプルなデザインだから、和洋中とどんなジャンルのおかずも受け止めてくれます。器ごとオーブン調理もできます。

鍋

3章の鍋はル・クルーゼの「ココット・ロンド」。厚手の鋳物が煮込み料理をおいしくしてくれます。18〜20㎝のものなら冷蔵庫にも入れやすいです。内側にホーロー加工がしてあるので、あたため直すときに焦げつきにくいのがよいところ。ただし急激な温度変化に弱いので、冷蔵庫から出してすぐに火にかけるのは禁物。留守番する人には「少しおいてから火にかけたほうが、おいしくなるんだよ」と伝えておきましょう。

フライパン

4章のフライパンは柳宗理デザインのセラミック製。留守番する人が調理するときは、フライパンをあおったりすることはありませんから、軽さよりもむしろコンロに置いたときにどっしりと安定感がある適度な重さがあることが大事。炒めるとき食材が飛び散ったりしないように適度な深さも必要ですね。その点、このフライパンはとても使いやすいのです。「調理するときは柄は向こう側におくんだよ」と伝えておくと安心かもしれません。

『るすめし』の保存について

作りおきおかずは傷むのが心配。特に気をつけたいのが保存方法です。保存する容器や食器はさっと熱湯をかけてから使うと安心。おかずができあがったら、なるべく早く冷ますことも大事。保冷剤の上に容器をおいたり、ミニ扇風機で冷やしたりして、しっかり冷ましましょう。常温でいつまでも放置しておくと、腐敗の原因になる菌が増えてしまうので要注意です。粗熱が取れたことを確認してから、必ず冷蔵庫か冷凍庫で保存を。冷蔵庫の下段には、いつも『るすめし』用のスペースをあけておくのもいいですね（子どもでも取り出しやすいです）。食べるときは一度加熱するのが望ましいですが、1章の場合、特に傷みが気になる夏にはp.10のマリネ煮やp.15の焼き南蛮、p.28のカレーしょうゆ焼きなど、お酢やカレー粉を使ったメニューを選ぶと心強いでしょう。

そうめん
専科

『るすめし』のプランについて

忙しいお母さんだったら、平日5日間『るすめし』が必要になるかもしれません。留守番する人が電子レンジを使えないようであれば（小学校低学年はもちろん、家事経験のないお父さんも！）、1章のおかずを週末に3種類（保存期間が3日のものを必ずひとつ選んで）、週なかばに2種類仕込んで乗りきりましょう。

電子レンジが使えるようになったら、1章の作りおきを減らして、週の頭やなかばに2章のおかずを入れ込むこともできます。コンロの火が使えるようになれば、作りおきの仕込みを1章のものだけでなく3章のものを入れることもできますね。

さらに、ちょっと調理ができるようになったら、4章のマリネやカット野菜を冷蔵庫や冷凍庫に保存しておけば、仕込みの手間をかなり省けます。急な残業でどうしようもないときは「週末ごちそうを作るから今日はゴメン！『ごはんのお供』でお許しを!!」の日があってもいいと思います。

週末にぎゅっとまとめて作ってしまいたい人。平日にちょこちょこ作るほうがラクという人。自分に合った形で自由にプランニングしてみてください。

プラン1　留守番する人が電子レンジを使えない場合

	土日	月	火	水	木	金
仕込む人	● 1章から 3品選んで 仕込む			● 1章から 2品選んで 仕込む		
食べる人		 週末仕込んだ おかずを食べる →			 水曜日に仕込んだ おかずを食べる →	

プラン2　留守番する人が電子レンジを使える場合

	土日	月	火	水	木	金
仕込む人	● 1章から 2品選んで 仕込む※ ● 冷凍パスタ &ソースを 仕込む	● 2章の おかずセットを 仕込む		● 2章の おかずセットを 仕込む		
食べる人		 週末仕込んだ おかずを 食べる	 前日に仕込んだ おかずセットを あたためて食べる	 週末仕込んだ おかずを 食べる	 前日に仕込んだ おかずセットを あたためて食べる	 週末仕込んだ 冷凍パスタ& ソースを あたためて食べる

※3章のものも保存容器にうつせば可。

プラン3　留守番する人が簡単調理できる場合

	土日	月	火	水	木	金
仕込む人	● 1章、3章から 3品選んで 仕込む ● 4章から 2品選んで 仕込む					
食べる人		 週末仕込んだ おかずを 食べる →			 留守番 している人が 簡単調理する	 留守番 している人が 簡単調理する

※水曜、木曜の夜にp.80~p.83の鍋やp.110~p.113の焼きめしを仕込んでも。

さくいん

肉類

○鶏もも肉
鶏の焼き南蛮…15
鶏とミニトマトの炒め物…41
鶏の照り煮…45
バジル風味のトマトチキン…66
チキンのコーンクリーム煮…68
鶏のスープ煮…69
鍋焼きうどん…83
鶏とかぼちゃの味噌煮…89
焼きチキンライス…112
○鶏むね肉
やわらか蒸し鶏のサルサソース…13
タンドリーチキン…14
○鶏手羽元
手羽元のマリネ煮…10
○鶏手羽中
手羽中とかぶのスパイシーソテー…91
○鶏手羽先
手羽先のバーベキューソース…43
○鶏ささみ
チキンとブロッコリーのオーロラパスタ…12
○豚こま切れ肉
ゆで豚のケチャップソースマリネ…16
豚とねぎの塩レモン蒸し…47
野菜たっぷりパワフルカレー…72
中華丼のもと…78
豚と野菜の味噌煮込み鍋…82
豚ときのこのしょうが焼き…93
豚と大根のコリアン煮…97
○豚ばら薄切り肉
キムチ豆腐チゲ…80
○豚ロースしょうが焼き用肉
まいたけの味噌だれ肉巻き…49
○豚ももしゃぶしゃぶ用肉
豚のごまだれ冷しゃぶ…18
○豚ロース肉(とんかつ用)
ごちそうカレーポークソテー…103
○豚肩ロースかたまり肉
ゆで豚チャーシュー…19
○豚ばらかたまり肉
豚の角煮…70
○牛こま切れ肉
牛肉入りナムル…20
プルコギ…51
石焼きビビンバ風焼きめし…110
○牛切り落とし肉
牛丼のもと…73
ストロガノフ風煮込み…77
○鶏ひき肉
豆入りしっとり鶏そぼろ(三色丼のもと)…24
じゃがいものそぼろ煮…53
チキンナゲット…55
○豚ひき肉
ヤムウンセン風おかずサラダ…25
チリビーンズ…76
ピリ辛担々鍋…82
○合いびき肉
簡単ミートローフ…22
ひき肉のデミソース 卵のっけ…74
ひき肉と塩キャベツのカレー炒め…101
ロコモコ風焼きめし…113
○ハム
混ぜないポテトサラダ…30
○ベーコン
アスパラのベーコン巻き…55
ブロッコリーとベーコンのスープ煮…57
○ウインナーソーセージ
スパゲッティナポリタン…109
焼きジャンバラヤ…113
○コンビーフ
焼きカレー 卵のっけ…112

魚介類

○あさり
簡単アクアパッツア…99
○えび
えびと厚揚げのトマトチリソース…29
○かじき
かじきのトマトレモン蒸し焼き…95
○鮭
鮭のワイン蒸し タルタルソース添え…26
鮭のねぎチーズマヨ焼き…57
鮭のちゃんちゃん焼き…87
○シーフードミックス(冷凍)
中華丼のもと…78
○鯛
簡単アクアパッツア…99
○たら
ブイヤベース鍋…83

○たらこ
たらこバターパスタ…61
○ぶり
ぶりのカレーしょうゆ焼き…28
ぶりとアスパラの照り焼き…105

卵・うずらの卵・大豆加工品

○卵
ゆで豚のケチャップソースマリネ…16
ゆで豚チャーシュー…19
豆入りしっとり鶏そぼろ(三色丼のもと)…24
鮭のワイン蒸し タルタルソース添え…26
混ぜないポテトサラダ…30
チヂミ…51
チキンナゲット…55
ひき肉のデミソース 卵のっけ…74
鍋焼きうどん…83
焼きカレー 卵のっけ…112
○うずらの卵
簡単ミートローフ…22
○厚揚げ
えびと厚揚げの
トマトチリソース…29
○豆腐
キムチ豆腐チゲ…80
ピリ辛担々鍋…82

野菜

○かいわれ大根
切り干し大根とツナのごま酢あえ…32
○かぶ
手羽中とかぶのスパイシーソテー…91
○かぼちゃ
かぼちゃと玉ねぎのレンジ煮…43
豚と野菜の味噌煮込み鍋…82
鶏とかぼちゃの味噌煮…89
○カリフラワー
タンドリーチキン…14
○絹さや
中華丼のもと…78
○キャベツ
豚のごまだれ冷しゃぶ…18
キャベツとあさり缶のさっと煮…49
鮭のちゃんちゃん焼き…87
ひき肉と塩キャベツのカレー炒め…101
○きゅうり
混ぜないポテトサラダ…30
○グリーンアスパラガス
鮭のワイン蒸し タルタルソース添え…26
アスパラのベーコン巻き…55
ぶりとアスパラの照り焼き…105
○小ねぎ
豚のごまだれ冷しゃぶ…18
○小松菜
牛肉入りナムル…20
小松菜とツナの煮びたし…45
ピリ辛担々鍋…82
石焼きビビンバ風焼きめし…110
○さつまいも
さつまいものオレンジジュース煮…41
○さやいんげん
豆入りしっとり鶏そぼろ(三色丼のもと)…24
○ししとう
鶏の焼き南蛮…15
○じゃがいも
鮭のワイン蒸し タルタルソース添え…26
混ぜないポテトサラダ…30
じゃがいものそぼろ煮…53
チキンのコーンクリーム煮…68
ブイヤベース鍋…83
ごちそうカレーポークソテー…103
○ズッキーニ
ズッキーニのチーズ焼き…47
バジル風味のトマトチキン…66
野菜たっぷりパワフルカレー…72
○セロリ
やわらか蒸し鶏のサルサソース…13
ヤムウンセン風おかずサラダ…25
かじきのトマトレモン蒸し焼き…95
○大根
さば缶大根…59
豚と大根のコリアン煮…97
○たけのこ(水煮)
ゆで豚チャーシュー…19
○玉ねぎ
手羽元のマリネ煮…10
ゆで豚のケチャップソースマリネ…16
簡単ミートローフ…22
かぼちゃと玉ねぎのレンジ煮…43
チキンのコーンクリーム煮…68

野菜たっぷりパワフルカレー…72
牛丼のもと…73
ひき肉のデミソース 卵のっけ…74
チリビーンズ…76
ストロガノフ風煮込み…77
キムチ豆腐チゲ…80
ブイヤベース鍋…83
スパゲッティナポリタン…109
焼きチキンライス…112
焼きカレー 卵のっけ…112
焼きジャンバラヤ…113

○チンゲン菜
チンゲン菜の中華風あえ物…53
豚の角煮…70

○トマト
やわらか蒸し鶏のサルサソース…13
野菜たっぷりパワフルカレー…72
かじきのトマトレモン蒸し焼き…95
ロコモコ風焼きめし…113

○長いも
ぶりのカレーしょうゆ焼き…28

○なす
野菜たっぷりパワフルカレー…72

○長ねぎ
鶏の焼き南蛮…15
豚とねぎの塩レモン蒸し…47
鮭のねぎチーズマヨ焼き…57
鶏のスープ煮…69
豚と野菜の味噌煮込み鍋…82
鍋焼きうどん…83

○にら
チヂミ…51

○にんじん
牛肉入りナムル…20
チヂミ…51
れんこんとにんじんの炒めなます…59
チキンのコーンクリーム煮…68
チリビーンズ…76

○白菜
中華丼のもと…78
豚と野菜の味噌煮込み鍋…82

○パクチー
ヤムウンセン風おかずサラダ…25

○パプリカ
手羽元のマリネ煮…10
切り干し大根とツナのごま酢あえ…32
野菜たっぷりパワフルカレー…72

○ピーマン
やわらか蒸し鶏のサルサソース…13
スパゲッティナポリタン…109
焼きチキンライス…112
焼きジャンバラヤ…113

○ブロッコリー
チキンとブロッコリーのオーロラパスタ…12
簡単ミートローフ…22
ブロッコリーとベーコンのスープ煮…57

○ミニトマト
簡単ミートローフ…22
鶏とミニトマトの炒め物…41
簡単アクアパッツア…99

○紫玉ねぎ
やわらか蒸し鶏のサルサソース…13
ヤムウンセン風おかずサラダ…25

○もやし(豆もやし)
牛肉入りナムル…20
プルコギ…51
ピリ辛担々鍋…82
鮭のちゃんちゃん焼き…87
石焼きビビンバ風焼きめし…110

○ヤングコーン
ゆで豚のケチャップソースマリネ…16

○レタス
ロコモコ風焼きめし…113

○レモン
豚とねぎの塩レモン蒸し…47
かじきのトマトレモン蒸し焼き…95

○れんこん
れんこんとにんじんの炒めなます…59

きのこ類

○エリンギ
ゆで豚チャーシュー…19
豚ときのこのしょうが焼き…93

○しいたけ
鶏のスープ煮…69
鍋焼きうどん…83
豚ときのこのしょうが焼き…93
きのこバターしょうゆパスタ…109

○しめじ
鶏のスープ煮…69
ひき肉のデミソース 卵のっけ…74

豚ときのこのしょうが焼き…93
きのこバターしょうゆパスタ…109
○まいたけ
まいたけの味噌だれ肉巻き…49
○マッシュルーム
ストロガノフ風煮込み…77

豆類
○大豆水煮缶
豆入りしっとり鶏そぼろ(三色丼のもと)…24
○冷凍えだまめ
えびと厚揚げのトマトチリソース…29
○ミックスビーンズ水煮缶
さば缶のキムチ炒め…33
○金時豆水煮缶
チリビーンズ…76
○ひよこ豆水煮缶
チリビーンズ…76

乳製品
○クリームチーズ
トマトクリームチーズパスタ…61
○サワークリーム
ストロガノフ風煮込み…77
○ピザ用チーズ
ごちそうカレーポークソテー…103
焼きチキンライス…112

乾物
○春雨
ヤムウンセン風おかずサラダ…25
○切り干し大根
切り干し大根とツナのごま酢あえ…32
○のり
たらこバターパスタ…61

ごはん・めん・パスタ
○ごはん
石焼きビビンバ風焼きめし…110
焼きチキンライス…112
焼きカレー 卵のっけ…112
焼きジャンバラヤ…113
ロコモコ風焼きめし…113
○ペンネ
チキンとブロッコリーのオーロラパスタ…12
○スパゲッティ
トマトクリームチーズパスタ…61
たらこバターパスタ…61
スパゲッティナポリタン…109
きのこバターしょうゆパスタ…109
○うどん
鍋焼きうどん…83

その他加工品・缶詰
○あさり水煮缶
キャベツとあさり缶のさっと煮…49
○キムチ
さば缶のキムチ炒め…33
キムチ豆腐チゲ…80
○コーン缶(クリーム)
チキンのコーンクリーム煮…68
○さつま揚げ
れんこんとにんじんの炒めなます…59
○さば水煮缶
さば缶のキムチ炒め…33
さば缶大根…59
○ツナ缶
切り干し大根とツナのごま酢あえ…32
小松菜とツナの煮びたし…45
○デミグラスソース缶
ひき肉のデミソース 卵のっけ…74
○トマト水煮缶
えびと厚揚げのトマトチリソース…29
トマトクリームチーズパスタ…61
バジル風味のトマトチキン…66
チリビーンズ…76
ストロガノフ風煮込み…77
○ピーナッツ
ヤムウンセン風おかずサラダ…25
○ピクルス
鮭のワイン蒸し タルタルソース添え…26
○ほたて水煮缶
チンゲン菜の中華風あえ物…53

おわりに

仕事が終わらず、小学校低学年の息子たちに電話で方法を伝え、ごはんを炊かせたこともありました。高校生になると、留守中に何を作って食べるかスケジュールを綿密に立て、買い物リストと作り方を家族に託し、長期出張に出かけたこともありました。

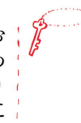

今から思うと息子たちも大変だったと思います。でも小さいころから「作って食べる」が当たり前だったからこそ、おかげさまで大学生になった今は「食べたいものは自分で作ろう」と思える人に育ちました。インスタントラーメンを作るときも「おいしいから野菜を入れるんだ」と話しているのを聞くとホッとします。

私自身、仕事と家庭の両立というプレッシャーにおしつぶされそうになることもありましたが、そんなときに「レンジであたためられた！」「肉が焼けた！」と、私がいなくても小さな成功の積み重ねで成長していく息子たちの姿を見て、救われる思いがしました。日々のごはんはお母さんが一方的に与えるのではなく、実は、子どもにもできる範囲で頼りながら「お願いね」「できたよ、おいしかったよ」と、キャッチボールのようにしていけばいいんだなぁと学びました。

『るすめし』は、働くお母さんと子どもだけのものではありません。お父さんだって自分のごはんが用意されていることを幸せに思えていれば、そして簡単な作り方を知っていれば、いざというとき自分のため、誰かのために、料理ができるはずです。家族が経済的自立ならぬ「ごはん自立」してくれれば、お母さんの背中に羽がはえ、ずいぶん自由になるような気がします。

時間がたっぷりある週末やお祝い事に、思いっきりていねいに腕まくりすればいいのです。でも、日々のごはんは、無理のない範囲で十分。何より、作った人も、食べた人も、「ああ、おいしかった。ごちそうさま！」と、笑顔で言えることこそが、大事なのだと思います。

上田淳子

うえだ・じゅんこ

甲南女子短期大学卒業後、辻学園調理師技術専門学校へ入学。同校の西洋料理研究職員を経て渡欧。ヨーロッパや日本のレストランなどで修業後、料理研究家として幅広く活躍する。現在大学生になる双子の男の子のお母さんであり、育児、家事と仕事を両立する経験を経て得た知恵を活かしたレシピ提供が好評。『共働きごはん』（主婦の友社刊）、『中学・高校生のお弁当』（文化出版局刊）など多数の著書がある。

企画・構成	斎木佳央里
デザイン	ナラエイコデザイン
撮影	原ヒデトシ
スタイリング	坂上嘉代
料理制作アシスタント	大溝睦子
校正	朝日明美
編集	森誠一郎　大塚陽子（自由国民社）

るすめしレシピ

2016年 9月16日　第1刷発行
2016年11月20日　第4刷発行

上田淳子（うえだ・じゅんこ）

発行者　伊藤 滋
発行所　株式会社自由国民社
〒171-0033 東京都豊島区高田3-10-11
TEL　03-6233-0781（営業部）
03-6233-0788（編集部）
FAX　03-6233-0791

印刷　株式会社光邦
製本　新風製本株式会社